腐败

Corruption: A Very Short Introduction

U0134669

Corruption: A Very Short Introduction

腐败

萊斯利・霍姆斯（Leslie Holmes）著

胡伍玄 譯

OXFORD
UNIVERSITY PRESS

OXFORD
UNIVERSITY PRESS

Oxford University Press is a department of the University of Oxford.
It furthers the University's objective of excellence in research, scholarship,
and education by publishing worldwide. Oxford is a registered trade mark of
Oxford University Press in the UK and in certain other countries

Published in Hong Kong by
Oxford University Press (China) Limited
39th Floor One Kowloon, 1 Wang Yuen Street, Kowloon Bay,
Hong Kong

This orthodox Chinese edition © Oxford University Press (China) Limited

The moral rights of the author have been asserted

First Edition published in 2021

All rights reserved. No part of this publication may be reproduced, stored in a
retrieval system, or transmitted, in any form or by any means, without the prior
permission in writing of Oxford University Press (China) Limited, or as expressly
permitted by law, by licence, or under terms agreed with the appropriate
reprographics rights organization. Enquiries concerning reproduction outside
the scope of the above should be sent to the Rights Department,
Oxford University Press (China) Limited, at the address above

You must not circulate this work in any other form
and you must impose this same condition on any acquirer

腐敗

霍姆斯（Leslie Holmes）著

胡伍玄 譯

ISBN: 978-0-19-047699-1

1 3 5 7 9 10 8 6 4 2

English text originally published as *Corruption: A Very Short Introduction*
by Oxford University Press © Leslie Holmes 2015

版權所有，本書任何部份若未經版權持
有人允許，不得用任何方式抄襲或翻印

目　錄

vi　　圖片鳴謝

1　　前　言

5　　第一章

　　　何為腐敗？

25　　第二章

　　　腐敗何以成為問題？

45　　第三章

　　　腐敗能否衡量？

67　　第四章

　　　心理－社會解釋和文化解釋

82　　第五章

　　　制度相關的解釋

104　　第六章

　　　國家能做些什麼？

125　　第七章

　　　還能做些什麼？

146　　譯名對照表

157　　推薦閱讀書目

圖片鳴謝

1   B2B: some prefer a broad
    definition of corruption
    Fanatic Studio/Getty Images

2   A building in Egypt collapses in
    2012, killing 19, allegedly as a
    result of corruption
    © Adham Khorshed/Demotix/Corbis

3   Ballot-rigging is still all too
    common in many countries
    Thomas Nsama/AFP/Getty Images

4   Judicial corruption is nothing new
    DEA/A. Dagli Orti/Getty Images

5   Perceived corruption levels
    compared with GDP per capita
    graph

6   A Kenyan anti-corruption
    suggestion box
    Linda Whitwam/Dorling Kindersley/Getty
    Images

7   Mass protests against corruption
    are increasingly common in many
    parts of the world
    www.istockphoto.com/Danielrao

前　言

　　今天這個時代，在一週的任何一天，翻開任何一個國家的任何一份報紙，幾乎都能發現腐敗醜聞的報道，甚至不止一起。2010年底和2011年底，以英國廣播公司的名義進行了兩次調查，分別涉及26個國家(2010)和23個國家(2011)的2.4萬多人；結果顯示，腐敗是全球公眾談論最多的話題，排在極度貧困、失業、食品和能源漲價、氣候變化以及恐怖主義之前。這些民意調查發起時，大多數國家仍處於2008年全球金融危機的餘波中，調查結果表明了腐敗對當代世界的重要影響。實際上，蓋洛普國際調查聯盟之後(2013)又對69個國家的近七萬人進行了另一項調查，進一步印證了這一結論，此項調查將腐敗列為全球頭號難題。

　　不論是在發展中國家、轉型國家，還是在發達國家，越來越多的國民開始意識到腐敗的嚴重負面影響，並要求當局採取行動。無視這些要求的政府，有可能自食其果。例如，2014年初烏克蘭雅努科維奇政權被推翻，主要原因就在於公眾感受到了高度的腐敗而心生怨恨；再比如2013–2014年泰國發生的民眾騷

亂，造成大量人員傷亡，政府也被推翻。類似的例子不勝枚舉。

直到比較晚近的時候，即1990年代中期以來，國際社會才開始充分認識到腐敗具有破壞作用，有可能造成毀滅性影響。也正因為這個問題如此重要，我才起意要撰寫這一通識讀本。

腐敗研究無法邊界清晰地被強行歸入某一學科，本書的分析雖然篇幅不長，卻用到了人類學家、犯罪學家、經濟學家、歷史學家、法學家、政治學家和社會學家的成果。不過，目前關於該主題的討論範圍極廣，影響人數眾多，如果只考察學者們的成果，那就大錯特錯了。書中同樣考察了國際組織、非政府組織和其他領域反腐實務人員的重要貢獻。

筆者研究腐敗問題並從事此項教學已有三十年上下，對於所有幫助我加深理解這一複雜現象的人們，逐一感謝是不可能的。這裏我想特別感謝我在墨爾本、華沙和博洛尼亞教過的數百名研究生，在過去的許多年裏，他們向我提出棘手的問題，與我分享關於腐敗的經驗和知識。也要感謝此項寫作計劃的四位匿名審稿人，若不是他們，本書的錯誤和疏忽就不止眼前這麼多了；當然，對於眼下仍然存在的疏漏，責任完全在我。感謝澳大利亞研究委員會在近三十年的時間中提供的可觀資助，讓我得以從各個方面研究腐敗；感謝牛津大學出版社的Andrea Keegan, Emma Ma,

和 Jenny Nugee在此項寫作計劃付梓成書過程中提供的所有幫助。最後，感謝夫人瑞貝卡Rebecca，她的愛和扶持一直不曾間斷；在我長時間投身於研究工作、無比頻繁地奔走於海外時，她的寬容和理解讓我感激不盡。

萊斯利·霍姆斯

2014年8月

第一章
何為腐敗？

　　自有人類以來，腐敗就一直存在，並且一直是個難題。羅馬帝國之所以衰落，腐敗和一般性的道德腐朽被歸結為主要原因，與此同時，為回應天主教會中被視為腐敗的各種問題(包括不正當地兜售贖罪券)，宗教改革以同樣的廣度興起了。

　　從傳統意義來看，腐敗指的是道德上的瑕疵。這個詞本身的拉丁語詞源意指「糟蹋、污染、濫用或毀壞」，具體取哪種意思依上下文而定。許多世紀以來，腐敗觀念已經發生變化，在不同文化中也有不同含義。在寬泛意義上，腐敗被用來形容對規範的任何不正當的偏離；在過去，以及今天的伊朗等一些國家，這一點通常與宗教規範相關。當代英語中已罕有此種用法，今天這個詞主要指與個人的公共職務相關的不當行為，而我們這本小書的關切正在於此。不過，對於什麼是不當行為，甚至什麼才叫公共職務，是有爭議的。圍繞着腐敗在當今的含義產生的各種爭論，是本章的核心內容。

當前關於腐敗定義的爭論

反腐方面的努力面臨的一個重要問題是，分析人士無法就什麼是腐敗完全達成一致。一種極端觀點寬泛地認為，腐敗和美一樣，都取決於注視者的目光。另一種極端觀點從法律角度看問題，認為只有法律明確規定為腐敗的行為或疏忽才是腐敗。

這種定義上的混亂可以從兩個重要的例子中窺見一斑。首先，在聯合國自稱的「唯一具有法律約束力的全球反腐工具」，即《聯合國反腐敗公約》(UNCAC)中，就沒有對腐敗進行定義。個中原因，主要在於公約的制定者們無法就定義達成一致。其次，世界上主要的反腐敗國際非政府組織，即透明國際(TI)，在20世紀的大多數時間內一直使用兩個定義，而現在卻變得態度模糊。在該組織廣為人知的調查結果，即每年一度的腐敗印象指數(CPI)中，直到2012年使用的都是引述最廣的那個定義，即「為獲取私利而濫用公職」。這一定義與世界銀行等許多機構採用的定義相近，甚至完全一致。但是在所有其他場合，透明國際又將腐敗定義成「為獲取私利而濫用受託的權力」。兩個定義之間的最大差別是，前一個要求涉及國家公職人員，後一個(同時得到了國際刑警組織的認可)則更為寬泛，把諸如私人公司的高級行政人員，甚至純粹發生於私人企業內部(公司對公司業務，見圖

1)的敗德做法也確定為腐敗行為。2012年，透明國際不再在腐敗印象指數中為腐敗下定義(不過在2013年指數的文字部分，它又「評估了公共部門的印象腐敗程度」)，此舉反映了這方面的一般性混亂。

遺憾的是，即使是透明國際的第一個定義，即狹義界定，也可以作多種解釋。「濫用公職」是僅限於本質上屬於經濟方面的不當行為(有時稱為「現代」腐敗)，比如挪用公款和接受賄賂，還是也包括人們有時所稱的社會方面的不當行為，或者說「傳統」腐敗，比如任命親屬(任人唯親)、朋友或同僚(任用親信)擔任公職，雖然他們並不是最佳人選？政黨，尤其是在立法機構中沒有席位的政黨，算不算佔據公職？如果不算，能否以這種狹義界定來指控其腐敗？

近幾十年來，隨着新自由主義思潮蔓延全球，「公共職務」一詞面臨的另一個問題變得越來越突出。作為一種意識形態，新自由主義提倡弱化國家角色，強化市場作用。它的一個核心特徵是，模糊「公共」與「私人」之間的界限。現在，許多國家都把一度由自己承擔的任務外包出去，公眾卻仍然認為這是國家的職責。例如，以往監獄幾乎毫無例外由國家負責運行，而現在，越來越多的監獄由私人公司與國家簽訂合同來運行。如果私人公司僱用的看守人員受賄後讓毒品流入服刑人員手中，按照狹義界定，他們是否構成腐敗？這樣的人佔據的是私人還是公共職務？

圖1　公司對公司業務：有些人更願意對腐敗作寬泛界定

我們的看法是，如果國民普遍認為某個職務最終應由國家負責，則濫用此職務牟取個人或團體好處就是腐敗。

「私人利益」一詞同樣遠不夠明確。國家工作人員受賄而中飽私囊即是腐敗，對此無人懷有異議。但是，那些任職於政黨的人以組織名義接受性質模糊的捐款，同時表面上看起來又沒有獲得直接私人好處的呢？這個例子不像第一個那麼一目瞭然，眾人看法各異。

寫到這裏，應該容易看出的是，對於腐敗的一般

定義以及如何確定某種行為或某種不作為(疏忽)是否構成腐敗，各種不同看法的形成一般都有充足的原因。下面我們來看看這些原因。

腐敗觀念存在差異的原因

對腐敗之所以有不同解讀，其中一個原因來自文化。這裏，文化可以定義為特定社會中主流的信仰、態度和行為模式，可能與這個社會的主要宗教有關，不論該國曾是殖民地還是宗主國。簡單地說，文化深受傳統和歷史的影響。對於不同腐敗觀的文化解釋，一個例子是，之前提到的「經濟」或「現代」腐敗一直被稱為「西方式」腐敗，「社會」或「傳統」腐敗則被稱為「亞洲式」腐敗。與社會科學中的許多標籤一樣，這兩個稱謂都有問題，會產生嚴重誤導。比如有人聲稱，提攜反哺和庇護關係在亞洲諸社會中很典型，而它們在這些社會 —— 據說 —— 都不算腐敗。這種說法至少存在兩個嚴重問題。

首先，對於提攜反哺和庇護關係算不算腐敗，亞洲各國的主流看法並不相同。比如在新加坡和柬埔寨，看法就不一樣。在「西方」，這方面的看法同樣有分歧。英語國家和北歐的多數腐敗研究專家認為庇護關係是腐敗的一種形式，而多數意大利專家不同意這一點。事實上，許多國家進行的民意調查顯示，即

使是關於何為腐敗的「主流看法」，往往也會引起誤導。在20世紀末和21世紀初，世界銀行在不同國家進行了「診斷式調查」，其中包括一些想像出來的情境，受訪者被問及是否認為這些情境是腐敗的例子。在許多情況下，受訪者的觀點分歧很大。面對這些調查結果，「俄羅斯人」或「英國人」對腐敗所見略同之類的假設就成問題了。此外，也不應該僅僅因為某國政府發言人聲稱「這不是腐敗，只是我們文化的一部分」，就假定多數國民也這麼認為。同樣有調查顯示，許多國民的確認為某種行為是腐敗，並且無法原諒，但他們卻感覺無力挑戰精英的看法；那些精英之所以堅持認為這種行為是文化的一部分，不過是在為自己成問題的行為辯護。第二種反駁意見甚至更有說服力，它聲稱西方也有很多「傳統」腐敗，而亞洲也不乏「現代」腐敗。

下面我們不妨來看一個例子，其中四個國家對人際關係的看法一般被視為文化差異。作為考察對象的四個詞分別是俄羅斯人的「布拉特」(*blat*)[*]觀念、中國人的「關係」觀念、美國人首先提出(現在日益全球化了)的「結網」觀念，以及英國人(主要是英格蘭人)的「校友裙帶」觀念。

俄語的「布拉特」一詞近年來語義有所變化，在

---

[*] 俄語中的俚語，意為「拉關係、賄賂」。──書中注釋均由譯者所加，以下不再一一說明。

蘇聯時期指的是人與人之間的一種非正式協議，即以金錢之外的交換來互相幫助。布拉特接近於物物交換的觀念，是在耐用和非耐用消費品普遍短缺體制下的一種變通做法。一個農民可能會與電工談妥，為後者連續兩年提供雞蛋和雞肉，以換取他為自己的破舊農舍重新接上電線。不過，物物交換只是人和人之間的一種交換形式，布拉特則指形成私人關係，尤其是會讓當事人彼此產生信任感和互惠感。

中國的「關係」觀念也是指個人或群體之間產生的關聯，涉及一種潛在的、長期的相互責任，即互惠互利。我可能以某種方式幫助了一個中國人，從而與他生出友誼或達成工作關係。那個人會感到有義務在未來的某個時刻，也許是多年以後，還我的人情。此人不會忘記我曾有恩於他。

「結網」這一概念正日益普及，它涉及確立非正式的關係，以便為當事各方帶來好處。如果我與商務會議或學術會議上認識的人套近乎，心裏最終想的是哪天可以從這種接觸中求得方便，我就是在試圖以關係（可能只是很弱的關係）為基礎，而不是完全以我的資歷條件來影響那個人。這一條可能算是此處分析的四種非正式關係中最不受訾病的一種，但是從廣義來看，它仍可視為腐敗的一種形式。

很多人反對把「結網」與腐敗扯上關係，英國的「校友裙帶」概念則不一樣，引起了廣泛批評。那些

可能連面都沒見過的人卻給彼此以優待，原因只不過是都上過英國一個小圈子的精英學校。比如，甲、乙和丙都上過顯赫的公學（即最頂級的私立學校）。丙在求職，他與乙相識，乙於是鼓動與丙不曾謀面的甲錄用丙，即使丙並不是最稱職的人選。此處考察的四種非正式關係中，「校友裙帶」是最排外的；如果幼年時不曾上過這些精英學校中的某一所，則絕無可能擠入那個內部圈子。此種關係與前三種的重要區別就在這裏，它也最容易被列為腐敗的一種形式。

對於這四種非正式關聯，要強調的主要一點是，雖然互有區別且與特定文化相關，四者之間其實有共通之處。所有四種關係都會區分出自己人和局外人，讓自己人享受優待。所有四種關係都被社會上的部分成員視為腐敗，雖然相比於在中國批評「關係」的人和在美國質疑「結網」的人，在英國認為「校友裙帶」不夠正當的人要多得多。總之，文化差異是存在的，但一般沒那麼大。

當然，從狹義來看，只要上述幾種關係不涉及國家公職人員，就都不算腐敗。寬泛定義則使門戶大開，人與人之間的所有關係，甚至是友誼，也可以稱為腐敗；這就是本書傾向於從狹義來界定腐敗的一個主要原因。

除了文化因素，還有另一個問題：對腐敗的定義不同，適用的司法管轄權也不同。這一點可以部分地

由文化差異來解釋並與之關聯，但還有其他原因。主要原因在於立法環境的不同，比如立法者徵詢了不同專家的意見。在開放和民主的社會，立法可能是議會內外各種群體妥協的結果，各種利益納入考量的優先順序在每個社會也有不同。在威權體制下，這種解釋就不大可能適用。威權體制通常比民主體制更為腐敗，統治精英的選擇一般是，或者不進行明確的反腐立法，從而不作法律上的界定，或者有意使此類法律含混不清。他們想維護自己的特權地位，寧願不制定可能被用來削弱這些特權的法律。

最後一個原因是，分析人士有時是出於方法論上的原因而採用狹義界定的。比如，德國的一位知名學者在一項分析中決定把腐敗主要定義為賄賂，因為這樣更為直接、概念清晰，不用把社會腐敗等更有爭議的內容包括進來。

腐敗的分類

在詳細討論本書對腐敗所持的主要觀點之前，有必要考察一下分析人士對不同類型的腐敗進行分類的部分方法。

阿諾德·海登海默通常被尊為腐敗比較研究之父，這位學者從「多數國民的看法可能與精英不同」這一點出發，把腐敗頗為有用地區分為「黑色腐敗」

「白色腐敗」和「灰色腐敗」。海登海默深知精英和普通國民有時對現象會有不同的感受，於是把黑色腐敗定義為精英和大眾雙方的多數成員都加以譴責並希望懲治的活動，白色腐敗雖然在形式上仍被視為腐敗，但兩個群體多少都會加以容忍，並不想看到當事人受到懲罰。灰色腐敗則是指這樣一些活動，精英和大眾對其看法各異，甚至在這兩個主要群體內部也存在着重要分歧，包括矛盾心理。

海登海默所作的另一個三分法是把腐敗分為公職取向的、市場取向的和公共利益取向的。第一種關注的腐敗是指公職人員有違職務預期的行為，可由官員獲取不正當個人利益的慾望來解釋。市場取向的觀點對腐敗的解釋是，公職人員把職務看成牟取私利或辦理私事的資源。他們所能提供的和索取的（即能收取多少賄賂）取決於公職所能提供的好處或服務的供求情況，簡言之即取決於市場行情。最後，公共利益取向看重的是公職人員不正當的自肥行為對公眾造成的傷害。

往往還有第三種區分，把腐敗分成「食草型」和「食肉型」。1970年代早期，在關於紐約市警察局腐敗情況的報告中，納普委員會首創了這兩個詞。前者指官員對賄賂來者不拒，後者所指的腐敗則更有掠奪性，官員實際上是主動索賄；前者有時也稱為被動腐敗，後者則稱為主動腐敗。與此相關的是對敲詐性腐敗和交易性腐敗的區分。在前一種情形下，受賄者向

當事人施壓，促其行賄，基本上等同於食肉型腐敗。在後一種情形下，雙方當事人(受賄者或行方便者與行賄者或求方便者)更為平等；雙方基本上都出於自願，像是在談一筆交易。

許多官方反腐文件中進行的分類，初看之下似乎將同樣的現象稱為「食草型」和「食肉型」腐敗，因為「被動」看起來不過是前者的另一種表述方式，「主動」也不過是描述後者的另一個詞。現實中，它們卻不是這麼用的：第一個詞通常指行賄，第二個詞則指受賄。這種用法存在問題，因為「主動」和「被動」在如此應用時，暗指接受賄賂的人——官員——比所謂的「施主」責任要小。按照這樣的區分，一個點撥車主、說行賄可以逃避超速罰款的警察就可以算是被動腐敗，車主則是主動腐敗。這兩個詞若用在另一些情形下可能更容易接受，比如某公司向採購主管施壓，讓其接受賄賂，而該主管此前一直潔身自好；但若用於國家官員從平民或企業那裏敲詐錢財，則非常具有誤導性。更進一步而言，如果說國家官員公認地應該為普通公民甚至商業企業樹立榜樣，那麼就能明顯看出為何如此用詞會引起混亂。

第五種分類是分成小型(低級)腐敗和大型(高級或精英)腐敗。前者指普通公民在日常生活中可能碰到的各類腐敗，比如在駕車時或者申請擴建房屋許可時。大型腐敗，顧名思義，指精英層面的腐敗，比如政治

人物接受某個群體的賄賂，批准一項對他們有利的立法，或者某位部長無視顧問的建議甚至規章的約束，為一項大型住宅項目放行以換取賄賂。如果採納腐敗的寬泛定義(即包括完全屬於私人企業內部的自肥瀆職行為)，就會有許多腐敗是公司層面的，因而更接近於大型腐敗。

遵循大致相同的思路，世界銀行自2000年以來區分了「行政(或官僚)腐敗」和「收買國家」。後者被當時共同任職於世界銀行的喬爾・赫爾曼和丹尼爾・考夫曼稱為「大型腐敗的一種形式」(強調為作者所加，下同)；2000年，他們和傑蘭特・瓊斯(也來自世界銀行)一起，把收買國家定義為：

> 公司通過私下向公共官員和政治人物獻金來決定和影響遊戲規則的制定。

自首創以來，該詞的用法已經被其他分析人士擴展，比如納入了有組織犯罪為影響立法進行的不當努力。赫爾曼、瓊斯和考夫曼把「行政腐敗」定義為：

> 與法律、規則和規章的執行相關的「小」型賄賂。

許多分析人士自此也擴展了該詞的用法，於是任何與規則的執行相關的不當行為或不作為都可稱為行政腐敗。

與「主動」腐敗和「被動」腐敗這兩個詞一樣，「收買國家」一詞的一個缺陷是，它可以被解釋為暗指行賄的人比受賄的人更應受到譴責。最初推廣這些概念的世界銀行官員們強調，他們的本意不在於此；這些概念主要針對的是受賄的國家官員。如果採納把重點放在腐敗官員身上的詞，比如「出賣國家」而不是「收買國家」，誤解的可能性就會減小。

　　拉斯馬·卡克林斯提出了一種分類方式，比世界銀行的更為複雜。她重點關注的是中歐和東歐的後共產主義轉型國家，把腐敗行為分成三種基本類型，對每一類又進行了細分：低級行政腐敗、官員為牟取私利侵吞資產，以及通過腐敗網絡收買國家。第一類和第三類腐敗基本上與世界銀行的分類相同。但卡克林斯提出的第二類腐敗是一種重要補充，此種腐敗近年來在許多轉型國家都能發現。後共產主義國家的分析人士一般稱其為「權貴階層私有化」。這一過程普遍出現在1990年代的許多中歐和東歐國家，在那裏共產主義時代的往日精英，即權貴階層，能夠在前國有企業出售過程中以各種方式（比如從購買者處獲取回扣，或者以壓倒性的低價自己直接購買）佔據道德上不光彩的優勢。

相關概念

　　許多現象與腐敗有重疊或相類似。腐敗本身就是一個充滿爭議的概念，既可作狹義也可作廣義解釋，於是有人會在密切相關的諸概念之間進行區分，還有人則希望把它們看作腐敗的變化形式。有鑒於此，下面所作的區分將帶讀者認識一些主要術語，一般認為它們與腐敗相關聯。

賄賂與腐敗

　　我們用英語談論「賄賂與腐敗」這一事實本身就意味着兩者之間關係密切。但是，正如之前對社會腐敗的討論所表明的，腐敗可以表現為不正當的工作關係，即某種形式的偏袒，從而不一定涉及賄賂。此外，某些官員會利用職務之便盜用公款；這是另一種不涉及賄賂的腐敗。反過來，賄賂也會完全發生在私人企業內部；這構成廣義上的腐敗，但就狹義來看並非腐敗。

賄賂與禮物

　　判斷特定行為是否構成腐敗，最複雜的問題之一就在於如何區分禮物與賄賂。在許多亞洲文化中，贈

禮不僅不算行賄，拒不接收或者視之為實際上的賄賂還是無禮的。這是文化差異的一個例證；在大多數亞洲國家，不僅精英，連多數國民都認為向來訪者贈送禮物以示熱情好客既是一種禮貌，也是一種必要。相反，許多西方人對於接受禮物是有保留的。正如在確定腐敗的恰當邊界時經常適用的，這個問題不能簡單地以非黑即白的態度觀之。況且，西方人在這個問題上有時會在不經意間言不由衷；許多經理會一面對亞洲式的「贈禮」頗有微詞或心生不快，一面卻認為在聖誕節向私人助理贈送禮物，以感謝其上一年度的勤奮和忠誠並無不妥。

這個問題並無明確的解決之道，但在大多數情況下，我們可以通過考察以下六個變量來合理區分禮物和賄賂：

1. **送出物品者的意圖**。送出「禮物」的人是否暗地裏或明確地期待某種回報？如果不是，則賄賂以及後續可能發生的腐敗並不成立。
2. **接收物品者的預期**。接受「禮物」的人是否認為必須以某種方式加以回報？如果不是，接受禮物的行為構成腐敗的可能性就小得多。
3. **送出物品的時機**。如果一個有求於人者，比如想要獲得許可建造一棟高樓的人，在主管官員做出決定之前給他送了份「禮物」，幾

乎一定會構成賄賂。如果禮物是在最終決定完成之後送出，並且有所求者此前並未暗示若獲得許可則有回報，這樣的禮物就不大可能構成賄賂。

4. **「禮物」的價值**。顯而易見，給老師送個蘋果與送她一輛嶄新的奔馳轎車完全是兩碼事。事實上，這種區別是程度上的，而不是性質上的。然而，越來越多的國家和國際組織現在意識到，程度上的差別相當之大，對這兩種行為應該加以區分。界限設在哪裏？這是一個難題。本書第六章會重新探討這個問題。

5. **法律觀點**。這是一個正式的變量，要求考察特定國家或組織的法律或規章是如何規定的。比如，新加坡的警察不得從快餐商店接受免費飲品，澳大利亞的部分地區則沒有這種規定。該變量與其他五個變量的不同之處在於，它可以從這個列表中拿掉而不影響後者的適用性。

6. **能感知到的社會對於此事的接受度**。與上一個變量不同，此變量關注的是問題的非正式方面，即多數公眾的看法。前文已經指出，不同的文化對什麼是腐敗以及腐敗的可接受程度有不同看法。確認這些差異的一個途徑

是，通過媒體等的調查、分析來確定各國對特定行為或不作為的主流態度。

公司和白領犯罪

我們記得，透明國際於2000年修改了其更傾向於採納的定義，承認腐敗也可以純粹發生在私人企業內部(公司對公司腐敗)。然而，這一態度不過是無謂地擴展了腐敗概念，畢竟對於國家和私人企業，是有充分理由區別對待的。多數情況下，如果對某家私人公司的產品或服務不滿，我可以另選一家；市場經濟就是以競爭為基礎的。但是國家卻處於實質上的壟斷地位；比如，如果不信任法官或警察，我也無法轉請他人來執法。更何況，在產生紛爭的場合，國家充當着個人之間和組織之間的仲裁者，即公斷人；商業企業卻不扮演同樣的角色。這是兩個充分的理由，表明把國家和私人企業區分開來是有意義的。

最後，要想描述私人企業內部為獲取私利而濫用職權或者私人組織中的違法亂紀行為，有幾個非常恰當的現成詞語。形容前者的最常用詞語是「白領犯罪」，廣泛用於形容後者的詞語是「公司犯罪」。兩個詞都存在一個主要缺陷：媒體上報道的「犯罪」，大部分事實上並未違法，而只是不被社會接受(即不正當而非不合法)。因此，通常更可取的是把兩者分別稱

為「白領行為不端」和「公司行為不端」，不過如果違反了法律，則宜於稱其為特定場合犯罪。

有組織犯罪

有組織犯罪和腐敗之間一般有相當的重疊和互動；事實上，如果犯罪組織和腐敗官員之間沒有勾結，有組織犯罪就不會如此逍遙法外。兩種現象間也有很多相似之處。犯罪團夥和腐敗官員都追求背離社會和國家利益的既得利益。有組織犯罪和腐敗都可能涉及一些活動，這些活動在多數國民看來是不正當的，但從專業角度來看並不違法（因此用有組織犯罪來形容某些犯罪團夥的活動有時並不準確）。一些分析人士把有組織犯罪與腐敗區分開，認為前者必然涉及暴力（不論是實際使用還是威脅使用）而後者則不然。但是，警察有時也會未經國家許可而使用或威脅使用暴力。

概念上的一個關鍵差異是，腐敗涉及官員（若採納廣義的腐敗，則還包括私人企業主管和專業人員），而有組織犯罪不涉及，除非存在官商勾結。另一個差異是，腐敗官員有時是以個人名義活動，即成為所謂的害群之馬，而有組織犯罪必然是團體活動。

另一種定義

在多數情形下，世界銀行以及許多其他組織和專家使用的狹義界定是恰當的，雖然並非完全沒有問題。要想界定得更為細緻或詳細，我們可以使用五項標準來判定一項行為或不作為(比如為了獲取回報而故意視而不見)是否構成腐敗；一項行為或不作為要構成腐敗，必須滿足所有五項標準(見表框1)。

表框1　腐敗的判定標準

- 行為或不作為必須涉及身居公職的個人或群體，不論是經選舉還是任命入職；
- 該公職必須在決策權力、法律執行或國家防衛方面具有一定程度的權威；
- 官員的行為或者在本職工作上的不作為，必須部分出於個人利益或其所屬組織（比如政黨）的利益，或者同時出於兩種利益，並且這些利益必須背離國家和社會的終極利益；
- 官員的行為或不作為部分或完全地於暗中發生，並且其明知自身行為會或可能會被視為不合法或不正當。如果對於行為失當的程度不確定，官員就會選擇不受檢驗，即不讓自己的行為接受所謂的陽光測試（允許公開審查），因為他們希望自己的利益最大化；
- 行為或不作為必須在相當比例的人群或/和國家的認知中屬於腐敗。這最後一條標準有助於克服解讀腐敗時的文化差異問題。

這套標準符合本書對腐敗傾向於採納的狹義界定。更傾向於廣義界定的人，要套用這套標準，只需稍加調整，比如把「公職」替換為「被托付權力的職務」。本書的餘下部分，雖然重點放在官員（狹義）腐敗上，也會引用來自企業界甚至體育界的例子。

前文已經表明，對於何種行為構成腐敗以及為何構成，並沒有廣泛共識。然而，以狹義界定即對公職的私人濫用為起點，卻得到廣泛贊同，縱然私人濫用和公職這樣的詞也有多種解釋。在多數情形下，應用這五條標準進行檢驗能明確地判定特定行為或不作為是否構成腐敗，本書後面幾章也會應用這些標準。在這些檢驗之外，各人要判定特定情形是否構成腐敗，則必須基於所謂的「大象測試」，即「很難描述，但看到時我會知道」。

第二章
腐敗何以成為問題？

腐敗以多種方式對個人、群體和組織(包括國家)造成衝擊。其負面影響，許多顯而易見，另一些則相對隱蔽。為使敘述更清晰，這裏分別從社會、環境、經濟、政治–法律、安全以及國際影響諸方面進行考察；在現實中，某些腐敗行為一般會同時在多個領域造成影響。

社會

腐敗通過無數方式對社會產生負面影響，這裏不得不有所取捨。其中一個是對普通人的工作和生活環境產生影響。在2013年5月於華盛頓市發表的一次演說中，烏干達反腐聯盟執行主任聲稱，2012年在烏干達發生了一件醜聞，巨額養老金因腐敗被竊取；如果這些錢用在刀刃上，將會雪中送炭，使三萬多名小學教師或四萬六千萬名警察的工資提升50%，或者能提供近1800萬支抗瘧疾藥劑。

對於許多發展中國家和轉型國家，腐敗造成的一

個嚴重問題就在於它會減少援助，因為有捐贈意向或借款意向的人，看到某些國家的精英似乎把大部分資源都中飽私囊，則要麼會終止提供資金，要麼會拒絕提供。不幸的是，通常社會上最貧困的人群受此危害最甚。

　　腐敗很容易從橫向和縱向兩個方向上，在社會中讓人們更強烈地意識到「他們」和「我們」之別。精英和大眾之間的鴻溝本來沒有那麼大，卻往往被拉得很大，因為人們感到，腐敗官員以犧牲普通國民為代價侵佔了國家的財富（縱向裂痕）。同時，腐敗也會擴大國民自身之間的分裂（橫向裂痕），因為那些不願或無力行賄以獲取所需的人，會對能夠且的確行賄的人充滿憎恨。

　　一個相關的事實是，腐敗會加劇不平等。如果不平等看起來基於功績，即使程度較高，許多國民也會在合理範圍內加以容忍；但如果優質工作和晉升的獲取更多地基於私人關係和賄賂，就會受到憎恨。如果不斷拉大的不平等再伴以更高程度的貧困，問題就會惡化，而事實往往正是如此。在世界貨幣基金組織於1998年發佈的一項具有重大影響的分析中，作者們研究了30多個國家長達18年的數據，令人信服地表明腐敗程度的加劇不僅會拉大收入差距（由基尼系數反映出來），也會加深貧困程度。貧困與身體和精神上的不健康狀況息息相關，因此腐敗會直接影響人的幸福。

　　如果腐敗意味着對國家及其官員越來越不信任，

就會普遍出現「向家庭回歸」和對親情日益依戀。這種現象可能會帶來一個負面效應，那就是強化的「親友」認同會減少社會資本，加大社會群體之間的疏離，從而導致族群衝突。

高度腐敗以及隨之產生的對國家缺乏信任，會加劇社會中的不安全感。比如，公民如果由於腐敗問題而不信任執法官員，就會不太願意向當局報告犯罪行為，也不願與當局合作；這通常導致犯罪率更高，從而使公眾產生更強烈的不安全感。

由於腐敗，官員們自身可能會感到更不安全。如果政治精英決定重拳反腐，即使是正直的官員也會感到不安，因為當前不算腐敗的行為未來可能會歸為腐敗並受到相應懲處；這會讓他們在履行常規和正當職責時猶豫不決，甚至完全拒絕履行。在理想的法治國家，任何立法都不會溯及既往，這樣的問題就不會出現；但在當今，即使是在西方，也少有國家嚴格遵循法不追溯這一觀念。

在許多後共產主義國家，數十年中都不存在真正的有產階級，沒有哪個群體有合法資金投入新生的市場化、私有化經濟中，由此導致其早期的轉型過程更為艱難。在此情形下，腐敗有助於催生一個新的富裕的資產階級，但這是以不正當收入為前提的，破壞了這一新生階級及其觀念的公眾基礎。

某些分析人士認為，近年來有組織犯罪中發展勢

圖2　2012年埃及的一幢建築倒塌，19人喪生，據稱由腐敗導致

頭最迅猛的，是與網絡犯罪相結合的人口販賣。在這種現代奴隸制中，若非有腐敗官員共謀，被販賣人口的規模不會如此之大。非洲國家中，尼日利亞的許多婦女被賣往歐洲從事賣淫活動，尼日利亞因而成為主要的受害國家；奧西塔・阿格布詳細分析了腐敗官員在其中發揮的作用。

　　除了在人口販賣中發揮作用，腐敗官員還會在武器販賣中成為同謀，而武器販賣會增加謀殺率，成為恐怖分子的幫兇。由於捲入武器販賣，孟加拉國兩名政府部長於2014年被判處死刑。

　　腐敗會危及人的生命，其表現有多種形式，其中

之一與洪水有關。樹有許多好處，比如可以防止土壤流失。在某些國家，腐敗官員為了得到賄賂，往往會對河岸沿線砍伐樹木的行為視而不見。這種砍伐有時會導致暴雨之後河岸崩塌，河邊建造的房屋院落被毀，許多生命由此葬身於洪水。

腐敗危及生命的另一種極為常見的形式與建築行業相關。有些建築和安全監理人員由於受賄而無視行業中的玩忽職守，包括使用劣質材料；他們已經因不合標準的建築產品造成人員傷亡而受到控告。其中一個特別嚴重的例子是2007年埃及亞歷山大市的建築倒塌事件，造成35人死亡，當地官員的大面積腐敗由此受到指控。鑒於近年來埃及其他城市發生了更多的類似案例，埃及當局顯然任重道遠；2013年1月，亞歷山大市的一幢公寓樓倒塌，至少24人喪生，再次引起對腐敗問題，包括對埃及住宅部部長的嚴厲指控（圖2）。就死亡人數來說，更嚴重的事故是1995年韓國首爾一座百貨大樓的倒塌，造成502人死亡；最終，倒塌原因被部分歸結於兩名市政建築監察人員的腐敗，他們被判在大樓建造階段犯有受賄罪。

中國是另一個遇到此類問題的國家。2009年，中國當局承認有5000多名學童在前一年的四川地震中喪生，此前有人抱怨說，許多死亡是由於腐敗導致的豆腐渣工程校舍倒塌造成的。2009年上海一棟建築中的13層大廈倒塌導致一名建築工人死亡後，官方報紙

《中國日報》的編輯抱怨「土地出售稅收佔地方政府收入的很大一部分，中國房地產開發商與地方政府官員之間存在腐敗關係」。

目前為止，我們重點關注的是狹義腐敗（即涉及國家官員）的負面影響。21世紀，公眾已經對廣義腐敗可能產生的破壞性影響變得遠為敏感。隨着西方國家的公司前仆後繼地（僅舉幾例：美國安然、美國世通、意大利帕瑪拉特、德國西門子、澳大利亞小麥局）被曝行為不端，包括行賄和給予回扣以獲得海外訂單，公眾對商業企業的信心轟然瓦解。許多人堅持認為，2008年全球金融危機的部分原因就在於公司行為不端，並視其為重大經濟問題的根源，這些問題社會影響惡劣，波及就業和養老金體制。

關於腐敗的報道也會對公眾產生負面影響，它會強化普遍的失望感甚至絕望感。然而，很難確定多少數量的報道、什麼類型的報道才是最恰當的；套用一句老生常談，對媒體來說「壞消息就是好消息」[*]，極少有記者能自我克制，不去盡可能多地報道醜聞，不論相關指控有沒有經過徹底調查。對腐敗不負責任的報道會讓民眾懷疑媒體的「看門狗」角色，這對公民社會的成長是有害的。

---

[*]　此處套用常用語「沒有消息就是好消息」（No news is good news）。

環境

　　環境大概是人類面臨的最大的長期問題。不幸的是，腐敗通常會使這個領域已經存在的問題複雜化。根據聯合國毒品和犯罪問題辦公室（UNODC）的說法，與環境相關的腐敗包括：

> 實施環境項目時的侵吞公款，發放自然資源開採許可或執照時的大型腐敗，以及執法人員的小額受賄。

該辦公室還指出了最容易發生腐敗的領域：林業、石油開採、瀕危物種販賣，以及有毒廢料處理。

　　全球許多木材生產和出口巨頭，包括巴西、印度尼西亞和俄羅斯，都經歷過嚴重的環境破壞，原因就在於腐敗官員縱容非法砍伐。有人聲稱，近年來世界上產出的木材，有一半以上是非法砍伐得來的，其中多數都涉及賄賂和腐敗。

　　至於瀕危物種，2011年，致力於阻止野生動物販賣的非政府組織「自由土地」的負責人聲稱，該組織在反販賣項目上遭遇的首要問題就是腐敗，尤其是高層次腐敗。腐敗會間接導致各種野生物種的滅絕。

經濟

對於腐敗造成的影響，研究和報道最多的是經濟方面。在1990年代中期發表的一份被頻繁引用的報告中，經濟學家保羅‧莫羅反駁了一些人在1960年代提出的主張，即腐敗(比如向官吏交納疏通費或者說「加急費」以更快獲得許可)實際上能提高經濟增長率。基於大量數據，莫羅將多個國家的增長率和對該國腐敗程度的主觀評估進行對比，得到的結論是腐敗會阻礙投資，反過來又會降低增長率。雖然有人對此主張提出了質疑，多數觀點仍然認為莫羅基本上是正確的。比如，在發表於2000年的一篇論文中，魏尚進[*]認為腐敗率越高的國家，外商直接投資越低，因為潛在的投資者會因腐敗而止步。

一國若留給外界高度腐敗的印象，要獲准進入某些國際「俱樂部」，尤其是歐盟，就會極為困難甚至沒有可能；畢竟，其加入這些「俱樂部」的動機，正是從成員身份中看到了可能獲得的重大經濟利益。即使已經進入此類跨國組織，高度腐敗的印象也會造成嚴重經濟後果：保加利亞、羅馬尼亞和捷克三個新成員國自加入歐盟(前兩國於2007年加入，捷克於2004年加入)以來被大量削減撥款，原因正在於歐盟對其腐敗

[*]　美國哥倫比亞大學商學院及外交與公共政策學院終身講席教授。曾任亞洲開發銀行首席經濟學家、國際貨幣基金組織研究部助理部長及研究主管、世界銀行反腐敗政策與研究顧問等職。

程度的憂慮。此外，保加利亞和羅馬尼亞試圖加入申根區(該區域由26個歐洲國家組成，各國之間沒有邊境管制)的努力都失敗了，因為歐盟的部分西歐成員國，尤其是德國和荷蘭，擔心這些東南歐國家與非歐盟鄰國之間的邊境太容易穿越，而造成這種狀況的主要原因就在於其邊境守衛和海關官員高度腐敗。

歐盟自身經歷的一個嚴重的經濟問題也要部分歸咎於腐敗。2012年，透明國際一份名為《金錢、政治、權力：歐洲的腐敗風險》的報告指出，在許多歐盟國家腐敗是引發2010年爆發的歐元區危機的重要因素(希臘被視為罪魁禍首)。

腐敗會導致國家稅收減少，因為腐敗官員為了獲得賄賂，會豁免公民和企業的罰款、稅收等。歐盟於2014年2月發佈了自成立以來的第一份反腐報告，聲稱腐敗每年給歐盟國家總體上造成的損失約為1200億歐元。這個數字與非洲聯盟2002年估計腐敗給其53個成員國造成的損失(1500億美元)相近，不過歐盟的數字雖然龐大，卻不像在撒哈拉沙漠以南的非洲聯盟那樣，佔到國內生產總值的近四分之一。

許多國家，多數是轉型國家，近年來引入了固定稅率的所得稅制和公司稅制，一般正是為了減少國家稅收流失的風險。其中的基本考量是，累進稅制更多地由稅務官員自由裁量，比固定稅率制提供了更多的腐敗機會；在累進稅制下，個人和公司都可能少報

收入，以便在更低的稅率等級中納稅（逃稅的一種形式）。遺憾的是，固定稅率制並非滴水不漏，因為個人和公司仍然可以與腐敗官員勾結，做低應稅收入，使國家的法定稅收減少。

腐敗會減少經濟競爭，因為腐敗官員會偏袒向自己行賄的公司，比如在這些公司收購國家推向私有化的工廠或者從國家那裏獲得承包合同時，給予其不公平的優待。競爭減少通常會使選擇更少，同時導致價格和成本更高，這些對消費者和國家本身都是有害的。

對於國家的發展和福祉來說，有一個因素在經濟上具有嚴重的負面派生影響，即社會腐敗（任人唯親、任用親信等）會讓誠實正直、資歷良好的人灰心，他們會由於無法獲得好的職位或無法得到晉升而產生挫敗感。有些人乾脆不再努力工作，不再積極主動，另一些人則移民到腐敗更少、選賢任能的國家。因此，腐敗會加速人才外流，使社會無法獲得最勝任的人來管理國家和經濟。這種現象有時稱作人力資本外逃，已經成為類似伊朗這樣的國家面臨的特別尖銳的問題。

其實，傳統的資本外逃問題也與腐敗相關。2000年7月第一次擔任總統後不久，普京召集俄羅斯許多頂級富人，即所謂的寡頭舉行了一次會議，並在會上告知他們，只要遵守四條規則，就不會過問其財富來路；四條規則中的一條就是把他們轉移到海外的大量資產收回國內。多數寡頭存不存在腐敗問題，這一點

尚須討論；這次會議值得注意的一點是，它明確顯示了國家高層對資本外逃的關注。還有許多國家在近些年也面臨着這個問題，各級腐敗官員，包括最高級官員，是問題的癥結所在。

在經濟上承受腐敗之痛的不僅是公眾和國家。公司有時也會被曝向官員行賄以獲取承包合同，且負面後果嚴重。2013年，澳大利亞新南威爾士州的反腐獨立委員會認為，獵人谷的某些採礦執照是以腐敗的方式獲取的。有鑒於此，新南威爾士州政府於2014年1月宣佈這些執照作廢。

政治和法律制度

腐敗會以多種方式對政治制度（例如民主制和獨裁制）和政權（維持政治制度運行的團體）產生負面影響。例如，某些議員對於任何有意向自己行賄或者在未來選舉中為自己增加籌碼的人，都願意給以優待，這些議員的權力和影響力就會由於腐敗而不公平地得到增強。這種情況在全世界都能看到，表現形式是政治分肥，即議員為了獲得更多的選民支持，向特定選區不當地撥款或承諾撥款。

不過，與不當優待相關的這一點，把我們引向了腐敗研究領域一個相當模糊的地帶，即遊說問題。在美國這樣的國家，遊說是合法的，有正式的組織。但

圖3　操縱投票在許多國家仍然司空見慣

有人視遊說為腐敗的一種形式，認為它雖然發生在富裕國家，實質上與窮國中更明顯的企圖影響政治人物的腐敗行為(見第一章提到的「收買國家」)功能相同。不過要判定遊說是否構成腐敗，還有必要考察特定情形的確切性質；籠而統之的說法會引起誤導。

　　許多組織，比如世界自然基金會和其他慈善組織的遊說目的在多數人看來是完全合法的，此類遊說應該與關聯着明顯既得利益的遊說區別開來。此外，如果遊說資金來自經官方註冊的機構而不是用於行賄，並且該機構的財政明細完全透明(這一附加條件很重要)，也不宜歸為腐敗。某些類型的組織所進行的遊說看上去可能不公平，比起一般人，它們給予那些握有

充分資源的人更多的機會去影響政治決策者，但這不過是政治不平等的另一面，即使在最民主的制度中也會存在。因此，不論對於腐敗分析人士還是民主理論家，它都是個問題。

讓民主的理論家和實踐者都很頭疼的另一個問題是，以哪種方式為政黨提供資金最好——尤其是，這種方式有沒有可能杜絕腐敗。1999年，德國發生了所謂的「科爾門」醜聞，基督教民主聯盟名譽主席赫爾穆特·科爾被控在擔任德國總理期間(1982–1998)捲入腐敗事件，為他所屬的政黨接受和分配違規資金。最終，基督教民主聯盟被判腐敗罪名成立，德國聯邦議院議長試圖向該黨施以總額近5000萬馬克(約2500萬歐元)的罰款。懲罰最終被取消，但「科爾門」事件的直接結果是，德國的政黨籌款規則進行了重大修改，變得更為透明，對企業捐助依賴更少。這一案例的獨特意義，與其說在於一位西方政治領袖被控腐敗(法國的雅克·希拉克和意大利的西爾維奧·貝魯斯科尼近年也面臨過腐敗指控)，不如說在於它發生在德國這個號稱擁有世界上最好的政黨籌款制度的國家。

腐敗會破壞競選，強化政黨之間的不平等，削弱政黨的競爭力。選舉中的欺詐和行為失當表現為多種形式，最常見的兩種是操縱投票和賄選行為(見圖3)。近年來，世界上多數地區都曾被控或被查實發生過這兩種情況，且為數不少。但是，和其他多種腐敗一

樣，它們在發展中國家和轉型國家並不是新現象，也非這兩類國家所獨有：賄選的一個早期案例是1768年發生在英國北安普頓的「揮霍式選舉」。

國民對腐敗的絕望會提升極端政治人物對選民的吸引力，不論是左派人物還是右派人物，因為他們承諾會根除腐敗。經驗研究顯示，這樣的極端人物若能當選，一般在減少腐敗方面毫無作為；但在某些國家，人們普遍相信這些人有靈丹妙藥。

政黨或政治人物對腐敗的指控可能會反過來招致對自身的指控。這會導致選民不滿加劇，引起各種不良後果。其中之一是國民會變得悲觀懷疑，由此疏遠政治生活，雖然是以被動的方式。另一個後果是國民被激怒，引發激烈的公眾騷亂，使制度失去合法性和穩定性，從而使政權，甚至政治制度本身被顛覆。在2012年對腐敗所作的分析中，弗蘭克·福格爾重點關注了2011年所謂的阿拉伯之春，認為公眾對腐敗的憤怒是埃及和突尼斯政權和制度崩潰的主要推動因素。

由此看來，腐敗會破壞制度合法性，即破壞國民感受到的統治者進行統治的權利。太多的腐敗和對腐敗的報道會使國民對市場、民主和法治失去信心。在轉型國家，這樣更容易引起不穩定，但即使在發達的西方國家也是如此。2013年1月，歐洲委員會秘書長聲稱：「腐敗是今日歐洲的民主制度面臨的最大威脅。這片大陸上越來越多的人正在對法治失去信心。」

在曾經有過法治的國家，如果人們對法治失去信心，濫用公民自由和人權的風險就會增加。這個問題最初影響的是普通公民，但過度的濫用對政治精英來說也是危險的，他們的統治會受到公眾騷亂的威脅。與腐敗的其他許多方面一樣，這種危險並非新近才出現。在東亞傳統的「天命」觀念中，人民就有權推翻無能、殘暴或腐敗的皇帝。

安全

國家要想恰當地發揮國防、執法和福利方面的職能，就需要有充足的經費；若腐敗減少了政府稅收，就會對國家保護民眾的整體能力產生有害影響。國力衰弱和腐敗加劇之間關聯緊密。

1990年代，在許多由蘇聯解體形成的國家，軍事基地在安全方面馬虎鬆懈，令人震驚；西方的各種政府報告和學術分析稱，俄羅斯和烏克蘭的腐敗官員將核材料非法出售給了任何願意出錢的人。這方面的許多證據都是根據情況推測出來的，但的確有無可辯駁的證據表明，弱國的腐敗官員將各種武器出售給了有組織犯罪團夥和恐怖分子。

不過，這一情形也存在於成熟的民主國家。2014年3月，在美國聯邦調查局的誘捕行動中，一名加利福尼亞州議員遭到逮捕，被控勾結以美國為基地的有組織犯罪，向總部位於菲律賓的叛亂組織販賣武器。根

據聯邦調查局的說法，該議員獲得的回報是政治競選方面的資助。據稱，他計劃把販賣活動擴展到非洲，對於可能造成的不良後果卻漠不關心。截至本書寫作時，此案仍在調查中。

關於成熟的民主國家和武器交易的最後一點是，許多西方公司被指控向海外的政府官員大量行賄，以獲取購買軍事裝備的訂單；以腐敗方式捲入這一有致命危險的交易中的，不僅僅是個人和犯罪團夥。

國際影響

一國腐敗對其他國家的部分影響在於引起不快，而不是形成真正的危險。例如，1990年代德國汽車保險費用的上升，部分原因就在於該國有大量汽車失竊並被偷運往中歐和東歐國家；在這一亂象中，經常會有犯罪團夥賄賂海關官員，讓他們在汽車偷運過程中睜一隻眼閉一隻眼。

其實，腐敗的許多國際後果要嚴重得多。例如，從事國際非法交易，包括藥品、武器、人口和人體器官販賣的犯罪組織，若非經常賄賂海關官員、警察以及其他官員，使他們對犯罪活動視而不見或者在突擊檢查（比如對非法妓院的檢查，那裏有跨國販賣的人口）之前通風報信，其犯罪活動遠不會那麼順利。

遺憾的是，實用主義常常在國際關係中壓倒原則性，那些看起來腐敗程度較低的國家實際上可能會容

忍他國更高程度的腐敗，如果該國擁有核武器或者有前者高度依賴的商品（比如石油）的話。但有時，當他國的腐敗變得忍無可忍時，一些國家就會決心採取行動。一個明顯的例子是美國2012年的《馬格尼茨基法案》，該法案意在（通過禁發簽證和凍結銀行賬戶）懲罰那些對審計員[*]謝爾蓋·馬格尼茨基之死負有責任的俄羅斯官員。此事與腐敗的相關之處在於，馬格尼茨基一度持續調查俄羅斯稅務官和警察的欺詐行為，隨後則被指與一家投資諮詢公司勾結而遭到逮捕，該公司曾向俄羅斯當局報告了涉嫌腐敗的問題，反過來又被當局指控逃稅。馬格尼茨基於監禁中身亡，疑點重重。不出所料，《馬格尼茨基法案》使莫斯科和華盛頓之間關係惡化。俄羅斯人迅速炮製出一份名單，上面的美國人將無法獲得簽證，同時還禁止美國家庭收養俄羅斯兒童。

傾向於對腐敗進行寬泛定義的許多讀者，會注意到針對各種國際體育機構，包括主要的足球組織國際足聯（FIFA）的指控。2014年初，媒體報道最多的案例與2022年世界杯的申辦程序有關。這樣的指控，不論是否被證實，都有損於此類組織以及被控捲入腐敗行為的國家的國際合法性。

本章關注的是腐敗的負面影響，但是為防止造成誤導也要承認，有些備受推崇的分析人士曾聲稱，腐

---

[*] 原文如此。似應為律師。

敗有時也能帶來益處。實際上，有人甚至斷言腐敗在道德上也可能站得住腳。為表明這一點而引用的一個經典情形是，納粹的監獄看守為得到賄賂而允許猶太囚徒逃跑。探究這一情境下的倫理問題需要展開漫長而複雜的論述，也超出了本書的主題。但是，從更廣泛的意義上來說，關於腐敗可能帶來的益處，必須加以考察。

1960年代，美國和英國的許多學者，尤其是納撒尼爾・萊夫（哥倫比亞大學）、約瑟夫・奈和塞繆爾・亨廷頓（二人都是哈佛大學教授）、科林・利斯（薩塞克斯大學），主張不要再從道德的觀點來看待腐敗，而是從理性的、功能的方面（即腐敗發揮的作用）去看。這一觀點有時被稱為腐敗研究中的修正主義。他們以各自的方式程度不同地提出，發展中國家有時能受惠於腐敗，因為腐敗可以「潤滑齒輪」或成為「激素」，而不是「齒輪中的沙」或「毒素」。他們堅持認為，如果一個國家國力虛弱且各方面運轉不良，腐敗將有助於履行一些基本職能。

有人仍然認為，腐敗總體上看並非全是壞事。例如，保加利亞分析人士伊萬・克勒斯特夫就支持靈活對待投資方面的腐敗，認為給國內投資者比國外投資者更有利的條件（可能是為了獲得賄賂）能讓國人有機會在後共產主義國家中踏入資本主義的梯級，而此前這些國家是沒有資產階級的。其他人認為，現任中國

領導人習近平在他的國家打擊腐敗不僅對中國的特許經營和餐館產生負面影響，而且對中國經濟增長乃至世界經濟產生負面影響，含蓄地暗示腐敗可能只是較小的惡。

這種觀點在近期的第二個例子，見於路易吉‧曼澤蒂和卡羅爾‧威爾遜2007年的一篇文章。他們在文中聲稱，若某國國力虛弱，許多人就會支持腐敗的政治人物，讓這些政治人物帶來國民想要的東西。這種觀點甚至也適用於強國。2004–2006年，兩位作者在六個國家對政黨籌款和腐敗之間的關係進行的一項調查顯示，在有兩個候選人的競選中，14%（德國）和35%（法國）的選民（在保加利亞、意大利、波蘭和俄羅斯這個比例是約25%）更有可能把票投給精力充沛但行事腐敗、以善於把事辦成著稱的候選人，而不是投給「品行完美」但能力低下的候選人。

這樣的結果很有意思，在許多方面違反直覺，需要加以「解構」。首先，在現實生活場景（此處的情形即選舉）中，受訪者的行為方式可能會不同於調查時所聲稱的；不過，要確定會有更多還是更少的人事實上會投票給腐敗但能幹的候選人是極為困難的。其次，受訪者面臨的選擇只有兩個次優的候選人；現實世界中，如果出現一個精力充沛又廉潔自律的候選人，就會成為另外兩人的強大競爭對手。換句話說，表示會投票給腐敗候選人的受訪者並不是在明確表示偏愛腐

敗官員，僅僅是兩害相權取其輕。不過話雖如此，來自印度和意大利的證據還是表明，選民們有時明知候選人腐敗也會選擇他們。

就在某些修正主義者仍然認為腐敗有時會帶來益處時，羅伯特·克利特加德提出了一種略為不同的觀點：他在1980年代末支持「最優數量」的腐敗。克利特加德沒有寬恕腐敗，或許是出於經濟學家的視角，他主張反腐的成本不應超過腐敗造成的經濟損失。結合現有資源來看，腐敗被最大程度遏制的那個點，就是最優數量。

當前受到廣泛認可（雖然還不是普遍認可）的共識是，即便腐敗在某些特定情形下能帶來益處，那也僅僅是短期的；最終，腐敗的代價無一例外都會超過帶來的益處。為短期腐敗辯解繞不過的一個問題是，腐敗文化一經確立，就會有路徑依賴，極難扭轉。與完全為腐敗辯解相比，更好的態度是具體情況具體對待，像海登海默那樣，在黑色、白色和灰色腐敗之間進行三重區分（見第一章）。這樣就為區別對待和細緻描繪留下了餘地，而不必訴諸無保留的辯護。

第三章
腐敗能否衡量？

　　在1995年的一篇文章中，莫伊塞斯・納伊姆提出了全球的「腐敗井噴」。腐敗的規模真的在增加嗎？某些國家是否真的比其他國家更為腐敗？要回答這些問題，我們就得能夠衡量腐敗。遺憾的是，這項任務特別艱巨，部分原因在於我們無法就何為腐敗達成一致。

　　另一個重要因素在於獲得信息的難度。在大多數犯罪和不端行為中，受害者都能把遭遇的經歷報告給當局，往往也的確報告了。但是，那些行賄的國民卻不太可能舉報索賄或受賄的官員。其中一個原因是，多數情況下該國民自身的賄賂行為就是犯罪。另一個原因是，行賄者可能擔心，作為回報領到的建房許可或出國護照會被撤銷或沒收，舉報腐敗官員會損害自身利益。那些不涉及雙方交易的官員或其他負責人員，比如貪污公款者，其「受害者」往往是規模龐大又面目模糊的組織，比如國家或一家大公司；除非進行嚴格意義上的審計，其受到的損害甚至不會被察覺到，而審計是極少發生的。有時，「受害者」甚至更為抽象，比如是「社會」。最後，在上面列舉的所有

情形中，腐敗人員獲得的利益都是有形的。如果把社會腐敗包括進來，就能夠明顯看出為何對於腐敗的衡量(比如提攜反哺關係的規模)會極為困難。

這些重要問題的確存在，但是要想確定某個國家或機構的腐敗程度與其他國家或機構相比是在上升還是下降，要想降低腐敗程度並在經驗感受上顯示出這種降低，我們就必須努力衡量腐敗程度。

衡量腐敗的規模，有四種常用方法：官方統計法、印象和態度調查法、經驗調查法、跟蹤調查法。本章將考察這些方法，再順帶看看其他不那麼常用的方法。

官方統計法

對許多分析人士來說，衡量腐敗規模的基礎是國家給出的官方統計數據。這些數據主要有兩種，即法律的和經濟的。法律數據一般最多能顯示腐敗的五個方面：

1. 報道的腐敗案件數量。
2. 調查的腐敗案件數量。
3. 起訴數量。
4. 定罪數量。
5. 做出的判決。

這些數據構成了一個基礎，但存在很大問題，尤

其是用於國家間的比較時。甲國前四項變量中的部分或全部數字比乙國低(相對於人口規模),原因可能在於甲國腐敗的確較少,也可能在於甲國社會對報道和調查的態度不夠堅決。甲國國民可能認為,對於有嫌疑或眾所周知的腐敗進行報道意義都不大,因為當局無能為力、漠不關心或本身就很腐敗,而乙國國民對他們的執法機構更為信任也更有信心。另一個問題是,許多國家並不提供與腐敗明確相關的全面數字,或者相關的任何數字都不提供;這些數字通常被經濟犯罪或濫用職權這些更寬泛的類別所掩蓋,而這兩個類別涵蓋的現象一般都不會定性為腐敗。

政府機構有時發佈的另一類與腐敗相關的統計數據是經濟類的,尤其是賄賂的平均數額和腐敗對經濟造成的影響。許多實際的腐敗案例是無法確認的,數字只能是大概的估算;實際上,它們往往基於調查數據,比如詢問受訪者過去12個月中行賄的數額是多少,平均數額又是多少;這些數據是從問卷的寥寥幾頁中得出的,基礎不夠扎實。

官方統計至多不過揭示了最小腐敗規模。由於甲國調查指控時比乙國更為隨意,最小腐敗規模也說明不了什麼,而且很容易產生誤導。能看到冰山一角固然很好,我們卻無法由此得知冰山的整體大小。有鑒於此,當今的多數分析人士更傾向於採用官方統計之外的方法來評估腐敗規模。

印象和態度調查法

在全球範圍內，被引用最多的腐敗規模方面的資料來自透明國際的「腐敗印象指數」(CPI)，這是一項印象調查。此類調查衡量的是人們對腐敗的印象和態度：他們是否認為當局付出了足夠努力來遏制腐敗，在哪些部門腐敗最為猖獗，等等。自1995年起，腐敗印象指數每年發佈，透明國際稱之為「對民意測驗的測驗」或「對問卷調查的調查」。透明國際自身並不實際進行調查來得出腐敗印象指數，當前它是通過對其他機構，即「專注於執政環境和商業環境的獨立機構」進行的調查加以整理並確定標準，來為每一個受到評估的國家和地區打分、排名的。要對某個國家或地區進行評估，透明國際至少要獲得三項與其相關的調查結果，這就解釋了為何腐敗印象指數從來不曾納入世界上所有的國家和地區；2012年，它為現有的約200個國家和地區中的176個打了分。

2012年前，腐敗印象指數的評級為0分(高度腐敗)至10分(非常清廉)，分數精確到小數點後一位(最早的腐敗印象指數精確到小數點後兩位)。2012年進行了調整，現在腐敗印象指數評級為0分(高度腐敗)至100分(非常清廉)。由於頁面限制，2012年的全表無法在此呈現，表1給出了排名分別為前20和後20的國家和地區。

2012年對評級體系進行的修改，是為了反映腐敗

印象指數發生的其他更為顯著的變化。該指數的一個問題是，由於數據來源每年都有變化，對結果進行歷時比較嚴格來說並不恰當，透明國際自身也早就承認這一點。雖然沒有替代數據，許多分析人士還是進行了這樣的比較；其中比較誠實的人強調了此種做法不太可靠，並將數據與其他資料來源進行比較，以求減輕問題的影響。

由於腐敗印象指數評估的國家和地區數量每年都有變化，歷年排名比較就尤其具有誤導性。某國今年排名第40位，五年後排名第80位，粗心的人若假定那裏的腐敗情形大大惡化是情有可原的；但如果第一年評估的國家總數是80個，而五年後是160個，該國的情形事實上可能無甚變化，仍然在全體中處於中間位置。因此，在多數情況下進行歷時比較時，引用某國的分數當然不像引用其排名那樣容易產生誤導。透明國際曾經宣佈，新的腐敗印象指數的得出方式意味着從2012年起，不同年份間的直接比較不存在問題了；不過，在分析的國家和地區數量穩定之前，關於分數和排名需要注意的問題仍然存在。

腐敗印象指數還出於其他許多原因受到批評，比如它所採納的印象主要來自商界人士和專家，而不是一般公眾。許多比較性的印象調查都是如此，比如世界銀行的商業環境與企業績效調查（BEEPS）和世界經濟論壇的全球競爭力報告（GCR）。也有許多調查針對

表 1　　2012 年腐敗印象指數(部分結果)

國家/地區	排名	分數	國家/地區	排名	分數
丹麥	1=	90	安哥拉	157=	22
芬蘭	1=	90	柬埔寨	157=	22
新西蘭	1=	90	塔吉克斯坦	157=	22
瑞典	4	88	剛果(金)	160=	21
新加坡	5	87	老撾	160=	21
瑞士	6	86	利比亞	160=	21
澳大利亞	7=	85	赤道凡內亞	163=	20
挪威	7=	85	津巴布韋	163=	20
加拿大	9=	84	布隆迪	165=	19
荷蘭	9=	84	乍得	165=	19
冰島	11	82	海地	165=	19
盧森堡	12	80	委內瑞拉	165=	19
德國	13	79	伊拉克	169	18
香港	14	77	土庫曼斯坦	170=	17
巴巴多斯	15	76	烏茲別克斯坦	170=	17
比利時	16	75	緬甸	172	15
日本	17=	74	蘇丹	173	13
英國	17=	74	阿富汗	174=	8
美國	19	73	朝鮮	174=	8
智利	20	72	索馬里	174=	8

的是一般公眾對腐敗的印象，但大多數只關注一個國家，並且有自己特定的一套問題。如果主要興趣在於對多個國家進行比較，這類針對單個國家的調查就沒有多大價值。

經驗調查法

有些人堅持認為，印象調查並不反映「真實」情形。這種指責有兩個問題。首先，他們暗示有人，也許就是批評者本人，知道真實情形如何。這是胡言亂語；由於定義上的分歧以及腐敗現象天然的隱蔽性，在任何社會都沒有人能夠知道腐敗的實際程度。其次，無論如何，印象也是現實的一種表現形式。如果打算在某個國家投資的人由於較壞的腐敗印象而放棄投資，這種印象就對行為產生了影響，因而也是一種現實；正如唯心主義和唯物主義哲學家數個世紀以來的爭論所表明的，我們生活的世界既是實體的也是表象的，不存在單一的現實。

然而，努力以盡可能多的方式來衡量腐敗程度是有意義的。批評印象調查的人往往提倡採用經驗調查。在此類調查中，受訪者不會被問及對腐敗的印象，而是回答實際的腐敗經驗。常見的問題是：「過去12個月中你或你的家人有沒有行賄過？」這類調查於1990年代首次提出時，許多專家充滿懷疑，認為人

們決不會承認行賄。現在我們有充分的證據表明，只要受訪者相信調查者對隱私和匿名所作的保證，許多人是會坦陳行賄的。

部分出於對腐敗印象指數所受批評的回應，透明國際於2003年引入了一種新式調查，將印象、態度和經驗方面的問題融合在一起。這就是全球腐敗晴雨表（GCB），自推出以來每一至兩年調查一次。在透明國際的網站上，它被稱為對「人們的觀點和經驗」的調查。與腐敗印象指數不同，全球腐敗晴雨表是由透明國際自身(利用調查公司在目標國家)完成的，與腐敗印象指數相比，其獨特的優勢在於使用了一套標準化的調查問卷。所調查的問題也比腐敗印象指數的問題更為前後一致，進行歷時比較沒有那麼多困難。全球腐敗晴雨表覆蓋的範圍沒有腐敗印象指數那麼廣，2003年調查的國家和地區總共才46個，其中部分國家和地區的調查結果相當不完整；後來進行了擴展，2010/2011年的調查覆蓋了100個國家和地區 —— 這個數字相當可觀，但仍比腐敗印象指數覆蓋的少得多。同樣由於頁面篇幅的原因，此處只能摘錄其中的一部分。表2給出的證據表明，許多國民在被問及時，是願意說出行賄經歷的。匯編此表時，我決定只納入位於腐敗印象指數排名前20和後20，且在2010/2011年全球腐敗晴雨表中得到評估的國家和地區，這樣更方便對兩套結果進行直接比較。

表2　　全球腐敗晴雨表的部分經驗結果*(%; 依 2010–11 年得分排序)

國家/地區	2004	2005	2006	2007	2009	2010/11
丹麥	2	1	2	2	1	0
挪威	3	4	2	–**	2	1
英國	1	1	2	2	3	1
澳大利亞	–	–	–	–	–	2
芬蘭	3	3	1	2	2	2
瑞士	2	1	1	1	1	2
德國	1	2	2	–	–	2
荷蘭	2	0	2	2	1	2
冰島	3	1	2	1	2	3
新西蘭	–	–	–	–	–	4
加拿大	1	1	3	1	2	4
香港	1	0	6	3	7	5
美國	0	1	2	2	2	5
日本	1	0	3	1	1	9
新加坡	1	4	1	–	6	9
盧森堡	2	6	6	6	4	16
委內瑞拉	9	6	21	12	28	20
蘇丹	–	–	–	–	–	21
伊拉克	–	–	–	–	44	56
拉富汗	–	–	–	–	–	62
剛果(金)	–	–	–	–	–	62
布隆迪	–	–	–	–	–	74
柬埔寨	–	–	–	72	47	84

* 對「過去12個月中你或你的家人有沒有行賄過？」的回答
** 橫線表示該國在這一年沒有被評估

在腐敗印象指數和全球腐敗晴雨表中，部分國家和地區排名懸殊。在2010–2011年度的結果中有一兩個出乎意料之處：盧森堡和新加坡的賄賂率似乎比預期更高，而委內瑞拉和蘇丹的賄賂率顯然比它們2012年在腐敗印象指數中的得分顯示的要低很多。不過，兩種調查方法得出的總體圖景是一樣的：相比貧窮的專制政體或動蕩國家和地區的民眾，富裕和民主國家和地區的民眾行賄的可能性要小得多。

結束對全球腐敗晴雨表的介紹之前，有三點有必要說明一下。首先，與目前為止呈現的所有數據一樣，我們在分析時經常用到「似乎」一詞。很有可能，某些國家的國民比其他國家的更害怕承認曾經行賄，這會使我們對各國之間腐敗情形的解釋有所失真；大多數社會調查數據，不僅是那些與腐敗相關的，都應該謹慎對待。

其次，全球腐敗晴雨表給出的經驗問題有可能讓我們對小型腐敗瞭解很多，對於考察大型腐敗則沒什麼用處，因為多數國民很少甚至從未接觸過高層官員，比如政治人物。這是多數經驗調查的一個重大局限，畢竟精英腐敗的破壞性通常遠遠大於小型腐敗。

最後，自2003年全球腐敗晴雨表首次發佈以來，其與腐敗印象指數調查結果的相關性已有過多次分析；令人欣慰的是，兩者高度相關。

在全球腐敗晴雨表以外，還有許多以一般公眾的

腐敗經驗為考察對象的調查,其中國際犯罪受害者調查(ICVS)大概是最為人所知,也是最有公信力的。遺憾的是,此項調查並非定期舉行,歷次調查覆蓋的國家數量也有很大變化。值得強調的是,對腐敗印象指數和國際犯罪受害者調查之間的相關性也有過研究,結果是兩者密切相關;這讓人感到振奮,數據應用者對各種印象調查的可靠性由此信心大增。對商業領域的腐敗經驗感興趣的讀者,應該同時查看前面提到的商業環境與企業績效調查以及國際犯罪商業調查(ICBS),雖然遺憾的是後者只進行過一次(時間是2000年;1990年代有過類似調查,但規模更小)。

本書寫作時,另一項有用的「一次性」調查的結果是2014年歐洲民意調查中心腐敗問題特別報告。現在,此項調查應該是定期進行的了。這是第一次,歐洲民意調查中心在調查中向歐盟成員國詢問國民的實際賄賂經驗;約12%的人聲稱自己直接認識受賄的人(在英國是0%!),但只有4%的人遭到索賄或被期待行賄。這種總體上的平均比例可能會有誤導性,因為某些國家的數字遠高於其他國家。25%的羅馬尼亞人和29%的立陶宛人曾遭到索賄或被期待行賄,但在光譜的另一端,在斯堪的納維亞國家以及芬蘭、德國、盧森堡、葡萄牙和英國,該比例極低(不到1%)——這與採用其他調查方法獲得的結果大體一致。

跟蹤調查法

1990年代，世界銀行提出了一種衡量腐敗的富有想像力的方法，即跟蹤調查。此方法主要分為兩種：公共支出跟蹤調查(PETS)和定量服務提供情況調查(QSDS)。對於一本入門書來說，這兩種方法有些太專業了，但其基本方法和原理很容易解釋。

1990年代期間，世界銀行開始日益擔憂，該行分配給發展中國家的資金在許多情況下無法到達目標人群手中。比如，該行用於幫助烏干達小學生接受教育的資金，大部分從來沒有交給這些學生。世界銀行於是採用了一種方法，在各個行政層面跟蹤其資金，一直跟蹤至各所小學，並從1996年開始與烏干達政府合作推進。結果，成效相當顯著：1991至1995年期間，實際到達小學生手中的數額為平均每人13美分，到2001年上升到80美分以上。這是公共支出跟蹤調查的一個例子。

定量服務提供情況調查的一個典型例子來自孟加拉國。世界銀行曾懷疑，該行撥到那裏用於提供醫療服務的資金，多數遭到虛擲或者使用不當。於是世界銀行設計了一種跟蹤體系，主要是在2002年這一年中多次突然造訪醫療場所，以查清哪些醫療人員缺勤。調查顯示，從世界銀行撥款中領取部分薪酬的約35%的各類醫療工作人員，包括40%以上的醫生，在本該

在崗的時候並不在崗；項目的主要研究人員因此稱之為「幽靈醫生」。部分醫療人員的缺勤是有正當理由的，但查明的情況是，其他許多醫生都有兼職：他們在本該為從公共資金中領取的薪酬工作時，卻在幹私活。同樣的情況是，這項調查的實施本身就使局面得到了改善。

跟蹤調查的一個顯著優勢是，它不僅能通過提供「事前和事後」的統計來衡量腐敗，還能同時降低腐敗，而這正是衡量腐敗最終的也是最為重要的訴求。遺憾的是，與所有衡量腐敗的技術一樣，跟蹤調查也有缺陷。比如，它只能衡量特定場合中的腐敗程度，或者是行業(教育、醫療等)的或者是地區的，而不適於精確判定一個國家的總體腐敗規模。它的成本，包括時間和金錢成本，同樣很高：事實上，就其涵蓋的範圍來說，跟蹤調查是本書分析的調查方法中最為昂貴的。最後，它要想順利進行，目標國家的當局必須有意願配合調查人員。烏干達政府對世界銀行的方法和目標非常支持，坦桑尼亞當局對各種機構自1999至2004年進行的多項公共支出跟蹤調查則遠沒有那麼配合，或許是因為這種調查在他們看來屬於外來干涉，因而無意參與；結果，在那裏進行的公共支出跟蹤調查效果就不理想。

其他方法

除以上分析的四種主要方法，研究人員還可以借助多種其他方法來判定特定背景下的腐敗程度。其中之一是組織焦點小組。這些小組通常由8至12人組成，成員一般來自公眾而不是專家，組織者鼓勵他們對某個主題進行45分鐘至2個小時的討論。研究人員只充當主持人和推動者，而不參與其中。大多數研究項目都會設置許多這樣的小組，討論內容通常會進行錄音(有時只做筆記)。

焦點小組聚集後，研究人員分析討論內容，確定主導的印象和態度；計算機軟件，比如N-Vivo*，在此過程中能起到協助作用。

焦點小組研究的一個優勢是，相對於進行大規模調查，它組織起來成本更低、更易操作。在公眾調查中，如果正確取樣，且受訪者的人數不少於1000人，其結果就具有統計學意義；與此不同，焦點小組研究的結果，不能看作反映了一般公眾的觀點，畢竟樣本太少。此外，由於小組成員能在討論之後向當局彼此檢舉，這種方法不宜用來衡量腐敗經驗。

大多數焦點小組是以小組成員面對面的形式組織的，近來也有組織在線焦點小組的趨勢；不過，多數

---

* 一種定性分析軟件，能夠有效分析多種類型的數據，諸如文字、圖片、錄音等。

分析人士認為這種方式不如傳統方法令人滿意。但有一種方法的確主要是在線上經由電子郵件完成的，即德爾菲方法。採用這種方法時，研究人員聯繫的是專家而不是公眾成員，人數通常在8至50人。研究人員邀請他們回答許多問題，之後對回答內容分級排序。接下來，研究人員整理出最終報告，發送給每一個受訪者，這是他們參與項目的激勵因素。

德爾菲調查法有許多優勢：成本不高；調查對象比一般公眾更熟悉特定主題；參與調查者不必同時聚集一處；參與調查者可以同時提供關於腐敗的詳細信息，以及在具體環境中如何最好地減少腐敗的專業建議。劣勢也有：如果專家很忙，則耗時不短；取得一定程度的共識可能相當困難；調查結果不具有統計學意義。

第三種方法是進行訪談。比如，研究警察腐敗可能要採訪一系列相應機構中為數不多的對象：對於小型研究項目而言，要想結果有意義，可能要採訪六名警察、六名調查記者、六名法官、六名反腐敗非政府組織成員；在設立了腐敗調查委員會並且這些委員會發佈過研究結果的國家，還要採訪委員會(比如美國的納普委員會和莫倫委員會，澳大利亞的伍德委員會和菲茨傑拉德委員會)的六名成員。這些群體之間甚至群體內部的相似和不同之處，由此就可以得到分析和解讀。

對於多數項目來說，最好的方法是採用半結構式

訪談。此類訪談包含一系列向受訪者詢問的標準問題（這樣研究人員就能直接比較群體之間和群體內部的回答），同時還在這些問題之後為自由討論留下空間；畢竟，受訪者往往會提出一些與主題相關而研究人員之前不曾留意到的問題，而且如果進行的是封閉式訪談（即嚴格遵循事先準備的調查問卷），則通常意味着研究人員會錯過寶貴的「內幕」信息和「內行」視角。

第四種方法近年來作為一種研究工具已有很大變化，這就是內容分析。過去，在有限的時間內可能要對十年週期中的一種或多種報紙進行分析；要運用這種方法，就要求精心遴選文章，可能是特定時期內的，並且要求嚴格遵循固定的程式。隨着網絡資源和搜索引擎的出現，該方法現在成本已相對低廉，某個或某些國家的媒體如何報道腐敗，包括報道頻率、所報道腐敗的類型和程度等，都能夠快速、輕易地看出。調查委員會給出的腐敗報告是能夠加以系統分析的另一類文件，往往也是寶貴的信息來源；主要問題則在於，這種報告相當罕見。

要想檢驗這一點，就得進行另一類型的研究，但可以合理推測的是，公眾的腐敗印象受到媒體報道的數量和類型的影響。對媒體進行的內容分析無法衡量腐敗本身，在當局並不系統發佈官方統計的那些國家，報紙的報道有時只能讓人窺見統計數據之一斑，比如刊出內政部長的一篇演講。但是，這一方法能讓

人對國民或商界人士如何以及為何持有目前的腐敗印象做出明智的假設。

第五，研究人員可以使用案例統計分析。這種方法需要對大量實際的腐敗案例進行詳細分析（通常基於媒體報道、訴訟程序以及訪談），之後對結果進行匯總和比較來確定腐敗模式。此方法一般更適用於研究特定領域或地區，而不是推斷全體國民的腐敗，它能在很大程度上揭示特定群體內不同類型腐敗的顯著特點。

一種較新的方法是試驗。越來越多的社會科學家正從其他方法轉向試驗法來檢驗自己的設想。原因之一是，許多人相信這種方法相比其他技術能提供更令人信服的因果解釋：A是否真的導致B，或者它們是否以某種方式關聯着，只不過我們無法圓滿解釋？比如，我們可能想知道，「甲國海關官員比他們的乙國同行腐敗得多」這種印象有沒有事實依據。要驗證這一點，可以往這兩個國家走私一些小額物品（這樣一旦被查也只會受到小額罰款），比如免稅香煙，攜帶雙倍於規定允許的數量，計算一下兩國海關官員為獲得小額賄賂而網開一面的頻次。

試驗法很吸引人，但用在腐敗這樣的敏感領域可能是成問題的。比如，為了測試交警的腐敗傾向，我們想弄清能多麼頻繁地以行賄來逃避超速罰款，這可能會引起複雜的道德問題。如果我們真的超速，在統計學意義上就會增加一種可能性，即試驗會把無辜公

眾置於危險之中。而且，公民權利的辯護者會質疑，把交警置於這種近於「釣魚」的情境中是否說得過去。對於前一個問題，很難想出妥當的解決方法，後一個問題卻可以通過確保試驗只針對誘捕行動(即只用來確定早已有腐敗嫌疑的警察)，而非「釣魚」(即讓一個通常不會破壞規則的人直面誘惑而不能自已)來解決；讀者們在這裏可以回想一下食草型腐敗和食肉型腐敗的區別。換句話說，研究人員不會主動行賄來誘惑平日裏正直的警察，他們只是坐等索賄。

上面描述的海關官員和警察兩個場景，都涉及現實情境中的試驗，因而被稱為現場試驗。還有一種研究在實驗室中進行，在受控的環境中營造場景。與現場試驗一樣，對腐敗程度和傾向進行的此種形式的研究也是近年來才有的，始於2000年代初期。不過這一領域的探索性研究早已帶來許多啓示，比如發達國家的女性通常比男性更不易腐敗，在發展中國家情況則沒有這麼明顯。

諸位可以想像，在不同類型的試驗中，既包括現場試驗也包括實驗室試驗，會出現許多道德問題和實際問題。同樣應該顯而易見的是，實驗室試驗(比如確定某些國家的國民是否比他國國民對腐敗更為寬容)的結果必須謹慎對待。我們不僅需要在解釋結果時「跳出窠臼」來思考，在參加試驗的人數量不多的情況下，還要對試驗結果的普遍性持懷疑態度。由此就出

現了一個重要問題，即實驗室裏的受控環境和日常實際行為之間的關係；有些參與試驗的人在現實情境中的行為可能會截然不同。這些只是許多原因中的一部分，它們解釋了為何這種原則上很有吸引力的方法，也有自己的問題。不過，與腐敗相關的試驗已經取得成功，給我們帶來了新的視角、提出了新的問題，説明這一方法已經開啓了激動人心的新的可能性；我們所要做的只是繼續在技術上進行完善。

最後一種差別很大的方法是代替法。該方法受到一些機構，比如全球誠信組織的青睞，它聲稱既然我們無法圓滿地衡量腐敗本身的規模，更好的選擇就是去探究為遏制腐敗我們正在做些什麼。在一年一度的（直到近年的）《全球誠信組織報告》中，全球誠信組織考察了各個國家的不同機構（政府當局、非政府組織、媒體等）所採取的措施，以及這些措施的推進和落實，並給各國打出了總體分數。這是一種有趣的替代方法，雖然也存在過於倚重官方表面聲明的危險。不過，瞭解政治精英們表面上對腐敗問題有多麼重視、他們為提高誠信水平在付出什麼樣的努力以及沒有付出哪些努力，還是有好處的。此外，相比於其他數據來源，全球誠信組織更倚重當地專家的評估意見。2014年初，全球誠信組織着手對其所用的方法加以修正，因此最近的完整報告是針對2011年完成的，分析的國家有30多個。

現在，本章標題所提的問題應該有明確答案了：我們能夠衡量腐敗，只是不那麼精確。本章概述了多種衡量腐敗的方法，每一種都有可取之處，同時又都不夠完美。有些方法衡量的是態度，另一些衡量的是經驗。有些方法想獲取的是「全景」，即一國的總體腐敗程度，另一些針對的是具體的機構、領域或地區。有些方法需要向一般公眾發放問卷，另一些則將調查重點放在商界——這就是為何用不同方法從同一個國家得出的結果，有時看起來會截然不同的原因之一。在衡量社會腐敗方面，這些方法基本上都派不上用場。因此，當我們說想要衡量腐敗時，應該清楚地意識到試圖弄清的確切內容是什麼。當然，在幾乎所有的研究項目中，使用的方法越多越好，即採用所謂的「混合方法」或多角度方法(從盡可能多的角度切入衡量問題)。遺憾的是，由於涵蓋的國家不同、對問題的表述不同等，這一做法現在無謂地增加了難度。

不過很明顯的是，富裕和穩定的民主國家一般看起來腐敗最少，而貧窮的獨裁國家和那些面臨困境的國家腐敗最甚。這一一般現象即使會有例外，也可能只是驗證了規則。北歐國家幾乎總是表現為腐敗程度極低，無論採用何種調查方法。

綜合來看，有必要強調三個重要的方面。首先，無可取代的是，對調查方法的選擇要明智，要仔細權衡，對結果的解釋要敏銳。複雜的計算機統計技術能

為我們衡量腐敗助一臂之力，但並不能代替清楚明瞭、合乎情理的概念化過程。

其次，這裏提到的幾乎所有方法都是新近應用於腐敗研究中的。到1980年代，少量商業分析中納入了對特定國家腐敗程度的評估，比如國家風險國際指南，但它們既沒有得到普遍採用，也不像1990年代和2000年代出現的調查那樣明確地專注於腐敗問題。腐敗印象指數首次發佈於1995年，全球腐敗晴雨表首次發佈於2003年，跟蹤調查首次實施於1996年，而試驗研究的結果首次發佈於2000年。最新式的內容分析法，只是因為網絡資源的出現才得以實現。因此，我們無法斷定近年來真的出現了「腐敗井噴」；能夠斷定的是，對腐敗問題的意識大大增強了。

最後，那些對衡量腐敗的努力持批評態度的人，往往指責我們的技術不僅不夠完善，還有可能適得其反。本來有意向捐助的人，可能會選擇不為某個國家提供援助，因為各種調查方法已經顯示，該國精英會從捐助中盤剝太多。令人欣慰的是，世界上打擊腐敗的兩大機構，即透明國際和世界銀行，現在已經清楚認識到，削減對高度腐敗的國家的援助，對亟需援助者的傷害很可能遠遠大於對腐敗精英的傷害。兩大機構一直在以切實又敏銳的方式解決這一問題，跟蹤調查只是許多可能的解決方案之一。

對於腐敗的經驗研究，我們仍然處於起步階段，

存在一些初期問題是意料之中的。尤其是,在衡量大型腐敗方面我們仍然能力不足。但是,技術在不斷完善,2012年腐敗印象指數備受歡迎的改變就是一個例子。說到底,不完美但是持續改進的衡量總好過完全不加衡量,後者正合腐敗分子的心意。

第四章
心理－社會解釋和文化解釋

　　對腐敗的任何嚴肅解釋都必須着眼於整體。人的腐敗有多種原因，即使可以找出主要動機，它也因人而異或有群體之別。假定存在某種根本的一般性解釋，比如生性貪婪或逮到機會，這樣的想法很天真。不過，我們還是有必要找出各種綜合起來能解釋腐敗的影響因素，否則，試圖遏制腐敗就是徒勞的。本章關注的重點是個人及其與社會的關係，以及文化與腐敗可能會有的關聯。這裏把各種因素彼此分開，純粹是為了敘述方便；在現實世界中，它們互動、重疊，以複雜的方式彼此結合在一起。

　　這種互動觀解釋了本章和下一章對理論分析框架的選擇。此種方法以安東尼·吉登斯的結構化理論為基礎，該理論認為，我們既無法從個人的選擇自由和行動自由(能動作用)的角度，也無法從人類身處的世界所決定的一切(結構)的角度，來充分解釋人類行為。相反，人們所作的選擇和決定，部分是基於自由意志，部分則受限於生活環境。這種相互作用的觀念為本書的分析提供了支持，雖然通常不那麼明顯。

心理－社會因素

在分析心理－社會解釋之前，我們需要理解這個詞的含義。前半部分指向個人：心理學，即對心靈的研究，關注的是個人如何以及為何以現有的方式思考和行動。相反，社會學關注的是社會的組織方式和運行方式。心理－社會的方法把兩者結合了起來：考察個人，也考察他們與社會環境的互動。

心理學關注的是個人，不過玄學派詩人約翰·鄧恩的著名格言，即「沒有人是一座孤島」，在考察哪些可被視為純粹個人因素時還是非常適用的。如此一來，假如我們在考察之初把「貪婪」確定為一個解釋因素，顯而易見的是，即使這一點也無法完全脫離社會環境。想要「更多」這一慾望與特定社會的標準相關；在富裕社會中，冰箱或電腦等許多物品被視為必需品，而在貧困社會中，它們會被視為奢侈品。

第二個因素也與個人在社會中所處的地位相關，即受人尊重和認可的需要。在《歷史的終結及最後之人》一書中，弗朗西斯·福山提到了我們對thymos（從黑格爾那裏借用的一個概念）的基本需求，這個古希臘詞語指的是人想要獲得認可的慾望。類似地，歌手菲爾·科林斯在歌曲《故事的兩面》中唱到了街頭的少年，少年之所以持槍，是因為手中無槍便難有尊重。

如果腐敗(比如受賄)意味着支出能力及與之相伴的社會威望得到提升，或者給予個人一種控制他人的感覺(比如通過提攜反哺)，那就可以部分地從thymos的角度得到解釋。

與前述觀點相關的是，某些個人之所以變得腐敗，是出於自己的野心。如果向上流動的通道顯得封閉，腐敗(比如通過行賄進入大學，一旦當事人日後飛黃騰達，這種做法就變成了對障礙的「巧妙」應對)就能幫助野心勃勃的個人繞過路障。

在解釋為何有些人會捲入有組織犯罪時，詹姆斯·芬克勞和埃林·韋林發明了「吸盤心態」一詞，大意是指如果一個人被主流價值體系作為局外人看待，他或她再遵循該價值體系生活就是愚蠢的。對於腐敗也可以提出類似觀點。一個受到多數群體歧視的少數種族成員，如果想獲得權威地位又不想從中獲取私利，就會被視為失敗者或「吸盤」。此種情形的一個變化形式是，有些人為了驅趕生活中的百無聊賴和千篇一律(忍受這種狀態是另一個層面的「吸盤心態」)而變得腐敗，以體驗破壞規則的刺激。

還有一種犯罪行為理論有助於更好地理解腐敗，即機會理論。顧名思義，這種觀點認為，人往往會利用送上門來的機會，比如「在合適的時間處在合適的位置」。該理論可以和理性選擇理論聯繫起來，就當前的討論來說，理性選擇理論從成本一收益分析的角

度最容易理解。如果暴露的可能性極小，或者即使被發現並定罪也很可能只有一點小小的懲罰，腐敗有望帶來的豐厚回報就會使（無道德感的）利益最大化的個人涉身其中。

目前為止詳述的所有因素，都以某種方式對個人形成正向激勵。還沒有說到的是反向激勵。其中之一就是缺乏安全感。缺乏安全感有時純粹是心理上的，是個人性格造成的，可能與童年時期經歷的不安處境有關。但還有一種安全感的缺乏，與個人當前的社會處境有關。如果失業率正在上升，或者政府剛剛宣佈要大幅減少公務員數量，有些官員就會想要利用現有的職務之便；不是因為野心或自大，而是想在還有能力時撈上一筆。這一現象可稱為「松鼠的堅果」綜合徵[*]。

我們從上面這一點很自然地就過渡到了下面一點，即需求問題。在許多國力衰弱的國家，比如那些在革命之後正經歷轉型或處於衝突結束後階段的國家，官員拿不滿薪酬或薪酬發放不及時，更極端的甚至完全拿不到。在這些情形下，從事腐敗行為至少在一開始是一種維持生存的應對方式。

第三個反向激勵因素是來自他人，即同僚、上級或配偶的壓力。就同僚的壓力來說，對警察腐敗的研究顯示，那些加入腐敗小團體的警察往往是以各種方式被迫加入集體腐敗活動的；如果拒絕，就會受到排

---

[*] 松鼠為了過冬，喜歡在窩裏囤積大量堅果。

擠或遭到報復（包括暴力報復）的威脅。如果不揭發同僚的腐敗，他們就成了同謀，這樣自己也就腐敗了。不管怎麼說，這種形式的腐敗最終是出於恐懼，而不是出於獲得更多權力或物質財富的慾望。

恐懼因素也解釋了為何某些警察對於自己明明知道的有組織犯罪行為不予告發。犯罪團夥有時會發出威脅，警察如果告發其活動，就會傷害他們的孩子或配偶。在此情形下，警察仍然是腐敗的，他們出於私人原因而瀆職了（即置家庭於國家和社會責任之先）。不過在這類情形下，警察的不作為如果被發現並受到指控，法官或上級的處置會比較溫和，畢竟這屬於白色或灰色腐敗。

另一類不端行為也與恐懼有關，但通常被視為灰色或黑色腐敗。在此情形下，某個身居要職的人由於受到脅迫而濫用職權，一般是落入了圈套。

另一種犯罪行為理論即標籤理論，能夠幫助我們更好地理解腐敗原因。該理論的最初版本與霍華德·貝克爾有很大關係；後來的一個理論，即約翰·布雷思韋特的「羞辱」觀，與之密切相關。標籤理論的基本觀點是，一旦國家或社會給人貼上罪犯的標籤（或加以羞辱），他們很可能就會一直是罪犯，除非採取措施加以糾正。其中的主張是，對於初犯，至少是不那麼嚴重的不端行為，最好不要作為罪犯對待，否則後面犯罪率就會上升；接納比排斥更好。這個主張可以略

作修改應用於腐敗情形。比如，如果媒體一直渲染海關官員的腐敗，言過其實，其中某些之前廉潔自律的人可能就會開始腐敗，理由是「既然無論如何都不相信我們，就讓他們見鬼去吧！」不被信任的感覺會強有力地推動人破壞規則。

目前為止，我們關注的都是能夠解釋個人為何腐敗的因素。我們從主流犯罪理論中借用的最後一個理論，探討的問題卻是為何更多的人並不加入反社會活動。畢竟，如果理性選擇理論是正確的，那麼在抑制因素明顯超過激勵因素之前，無疑應該會有更多的腐敗。

在1969年的一本書中，特拉維斯·赫希提出了「控制理論」，在這一最早的提法中，他認為個人與群體之間關聯的強度是解釋行為的重要因素。若假定群體基本上是守法的(從廣義上說)，個人和群體之間的密切聯繫就能成為對個體的控制因素。相反，脆弱的聯繫則意味着個人更有可能追逐自身利益，而不考慮由此會給他人帶來什麼影響。在後來的一項分析中，赫希與米凱爾·戈特弗里德松聯合提出了一種理論，並大膽地稱之為一般犯罪理論。該理論同樣聚焦於控制，只是更關注個人的自我控制。兩人主張個人的自我控制部分地來自社會化過程，因此很明顯，他們的觀點與本書提倡的互動性結構化觀點頗為契合。同樣應該能明顯看出的是，控制理論有助於解釋為何有更多的掌權者並不違規地利用職務之便。

在結束心理－社會解釋之前，還有一個概念幾乎確定無疑是相關的但本質上又無法證明，那就是內在道德。根據許多哲學和宗教的觀點，所有人都有天生的是非感，社會環境決定着我們在多大程度上向善還是為惡。

文化解釋

為何西北歐的國家看起來比東南歐的國家腐敗程度低得多，又為何多數歐洲國家看起來比多數拉丁美洲或非洲國家腐敗程度要低？在拉丁美洲，為何巴巴多斯、智利和烏拉圭看起來比該地區的其他國家腐敗程度要低，又為何博茨瓦納成為撒哈拉沙漠以南的非洲國家中的亮點，被視為腐敗最少的國家？一些分析人士試圖從文化差異的角度來加以解釋。我們還記得，文化在本書目前的語境下指的是一個社會中主流的價值、態度和行為。它們可能與以下因素相關聯：宗教和哲學傳統的影響、社會中的信任度、國家是否曾被殖民、不久前是否有過獨裁統治。

從宗教和哲學傳統開始，在由腐敗印象指數(見第三章)衡量的印象腐敗程度和主流宗教之間有着明顯的相互關聯。在人們印象中，新教國家往往比天主教國家腐敗程度更輕，後者又被視為輕於東正教國家。

對於為何新教國家一般比天主教國家腐敗程度更

輕之類的問題，有一些有趣而別出心裁的聯想，比如
着眼於歷史的理論，即新教的興起是為了反抗天主教
會的腐敗，這種對腐敗的厭惡歷經數個世紀而延續下
來；再比如一個事實，即天主教徒可以在懺悔室中卸
下罪孽，新教徒卻不得不為自己的罪孽承擔個體責
任。羅納德·英格爾哈特等人提出了另一種解釋，即
層級更多的體制往往更為腐敗，天主教就比新教層級
更多。

　　但是，這種相互關聯可能並不存在，模式也可能
很有誤導性。比如，人均國內生產總值、民主化程
度、信任程度和國家總體治理水平，這些因素與印象
腐敗程度(以及實際經歷的小型腐敗)之間的關聯性，
至少不比宗教和哲學等文化變量與其關聯性更弱。中
國大陸、香港、新加坡和台灣這四個有着相似傳統哲
學文化的以漢族為主的國家，怎麼會有如此不同程度
的腐敗？香港和新加坡是小政治單位，而中國大陸是
巨大的，也許這有助於解釋差異？無疑，人口較少的
國家在腐敗印象指數中佔「腐敗程度最輕」國家的多
數，說明國家的大小與腐敗文化具有某種關聯。然
而，在最腐敗的國家中也有小國，這就使我們不得不
重新審視，至少是修正這一假定。

　　對於宗教傳統有助於解釋不同的印象腐敗率，或
者至少與之相互關聯這一假設，學者丹尼爾·特賴斯
曼進行了檢驗。在一篇對腐敗原因的出色分析中，他

發現雖然新教與腐敗程度低緊密相關，在其他宗教傳統中卻無法找出這種密切的相關性。

文獻中經常提到的第二種文化價值是對家庭和國家的態度。根據這種觀點，在那些對親人和朋友的忠誠(家庭主義)重於對國家的忠誠的文化中，某些形式的腐敗，尤其是社會腐敗，比在不那麼以家庭為核心的文化中要更為普遍。如社會研究的許多方面所顯示的，如何定義並衡量家庭主義的程度，會對研究項目的結果產生影響。無疑，相比於個人主義特徵強烈的文化，大家庭特徵明顯的國家一般的確顯示出更高的腐敗率，因此這一因素可以部分地解釋西北歐和東南歐(以及之前指出的新教和天主教)之間的差別。不過在此必須多加小心，因為大多數衡量技術關注的都是經濟腐敗而不是社會腐敗。高度的經濟腐敗和高度的社會腐敗之間可能有相關性，但這一點必須經由經驗調查來確定。

對家庭、國家和當局的主流態度與國家的合法性有關。若公眾基本上都相信國家，並賦予政權高度的合法性，很可能腐敗就較少。不過，應該很容易看出的是，這是一個雞生蛋和蛋生雞的問題；如果大多數官員有正直的名聲，國民就會更加信任當局。

不過，埃里克‧烏斯拉納表明，與印象腐敗程度相關聯的不僅是對當局的信任程度；我們對他人，尤其是陌生人的信任度，也是一個因素。基本上，社會

信任度越低，腐敗程度越高。

我們的第五個變量關注的是過去的歷史對當前態度和行為的影響。有人主張，前殖民地更容易腐敗。這個觀點包含多層意思。利·加德納主張，殖民地政府通常無力親自收稅，要依靠地方稅務員，而後者往往從當地的部分人手中受賄，並不會照章徵稅；待到殖民力量撤走，這種做法已經根深蒂固，在後殖民時代延續下來。關於殖民主義的影響，另一個觀點是，既然國家當局長期以來在當地人看來是從外部強加的，沒有合法性，國民和部分地方官員在欺騙國家時就沒有良心上的不安；同樣地，這種態度一般也會延伸到後殖民時代的背景中。

殖民主義的影響或許有助於解釋腐敗程度，但其說服力是有限的。最最起碼，這個觀點是需要改進的。例如，有證據表明，前英國殖民地總體上比前法國或前葡萄牙殖民地腐敗更少（僅僅是總體上，明顯的例外包括尼日利亞和巴基斯坦），這可能意味着殖民時期國家政府的合法程度有別。另一個觀點是，某些被視為帝國主義者的政權，比如蘇聯時期的俄羅斯，本身就留下高度腐敗的印象；因此在一個所謂的殖民地中，比如在愛沙尼亞，許多人會迴避腐敗，以免讓自己「墮落」到與殖民者為伍的地步。

許多帝國主義國家留給前殖民地的一個遺產是法律體系。按簡單的二分法，這些法律體系一般分為普

圖4　司法腐敗由來已久

通法法系和民法法系。前者基於法律先例，常見於英語國家，而後者基於成文法，在歐洲大陸佔據主流。有人指出，普通法法系國家比民法法系國家一般腐敗更少。原因在於，前者的司法制度更獨立於政治精英，使這些精英更不易捲入社會腐敗，比如提攜反哺。同時也因為，民法法系中司法制度不那麼透明。其部分原因在於，本來可以對容易腐敗的法官形成遏制的一般公眾，由於陪審制的缺乏，在該法系中的作用被削弱了。

　　另一方面，正因為通常更獨立於政治精英，普通

法法系中的法官可能會發現，從私人企業中受賄更容易逃避處罰。耶魯大學的蘇姍‧羅斯－阿克曼因此明智地認為，兩種法系都有可能促成腐敗；這一點是否會明顯表現在法官群體身上，與其說取決於制度安排，不如說是由法官本身的操守和態度(司法文化，見圖4)決定的。通常，這相應地又與他們所在國家的一般文化，即社會上對腐敗行為的主流態度有關。

此處提到的司法文化又導向一個更寬泛的問題：社會上對法律的主流態度，即是否存在法治文化。目前為止有充分的證據表明，健全的法治文化與低腐敗程度密切相關。相反，當局的高度專制則與高度腐敗難分難解。

相比於民主國家，國家的蠻橫行為在威權國家身上遠為常見。正如身為殖民地的歷史可能會影響特定社會中對腐敗的態度，也影響其中腐敗的規模，威權制度或極權制度的歷史也會打下烙印，影響當代的價值觀念。比如，部分由於商品短缺，人們被鼓勵從事各種勾兌行為。行賄可以確保獲得緊缺物品。另一種普遍做法是「布拉特」，在第一章我們簡短考察過。按照阿廖娜‧列傑涅娃對此的經典分析，「布拉特」就是：

> 利用私人關係網和非正式接觸來獲得短缺的物品和服務，並繞過正式程序。這個詞實際上無法直接譯成英文。

蘇聯和其他類似社會中的公民之所以想出複雜方式來避開制度，另一個原因在於制度過於封閉。列寧認為共產黨員是由政治上最有覺悟的人(社會「先鋒」)構成的，由此看來，理論上他們在發展黨員時是極為嚴格的。然而，要在體制內求取進階，入黨幾乎總是必要的。對於未來仕途上的貴人，許多人欣然拉攏關係，不嫌親暱。

許多當代國家曾經或者現在仍是威權制，也存在一些容易滋生腐敗文化的特徵。其中多數曾是殖民地，而殖民遺產的影響我們已經考察過。除此之外，在威權制下精英通常撈取國家財富並藏匿至難以查清的海外銀行賬戶，同時剝奪國民調查和公開批評的權利，從而敗壞風氣──這一事實本身就降低了大眾對制度的信任，從而降低了制度的合法性。如此一來，國民和官員對破壞體制規則都不那麼愧疚，在機會來臨時都會利用體制。

對於腐敗的經驗研究，近年來有一個更具想像力的例子，支持如下觀點：某些國家的官員比他們其他地方的同行們要腐敗得多。雷蒙德‧菲斯曼和愛德華‧米格爾研究了1997–2005年間紐約市外交官的非法停車行為，總結稱「在非法停車和外交官的母國對腐敗的當前態度之間有密切關聯。即使身處數千英里之外，外交官們的行為方式也極易讓人想起他們祖國的官員們」。這當然屬於對腐敗的文化解釋。

腐敗的社會建構

在特定環境(國家或地區)中對腐敗文化的任何綜合分析，都需要考察腐敗問題是如何形成或建構的。分析人士如安德拉斯·紹約斷言，許多轉型國家(言下之意即發展中國家)中的腐敗「問題」被虛偽的西方國家出於既得利益考慮而誇大了。不可否認的是，發達國家的確存在許多腐敗，但紹約說轉型國家的公民不像西方批評者聲稱的那麼關心腐敗，可能言過其實；調查結果顯示，他誇大了公眾對腐敗的淡漠程度。

不過，腐敗的社會建構還有一個方面值得一提。一些分析人士合理地強調了一個事實，即腐敗官員往往比「一般」罪犯受到的處理寬大得多，並把這個事實與我們為不同的犯罪貼上的類型標籤關聯起來。如此一來，有組織犯罪一般就被視為「下層社會」的常見現象，而廣義上的白領犯罪，包括許多形式的腐敗，則被視為「上層社會」犯罪。事實上，竊賊可能偷少數幾個人的錢並給他們留下心理創傷，而腐敗官員(或者經理，如果對腐敗進行寬泛定義的話)可能對數百、數千，甚至在極少數情況下對數百萬人造成嚴重的負面影響；相對於犯罪的影響來說，這種標準不一的處罰可能極為不當。在這裏，認為上層社會犯罪不如下層社會犯罪那麼嚴重的社會主流態度(文化)，有助於解釋為何對前者的懲罰一般比對後者的更為寬

大；更輕的懲罰意味着官員破壞規則時顧慮更少。

我們已經表明，個人和文化兩方面的許多特徵有助於理解各國之間不同的腐敗率和腐敗類型。必須警惕的是，這些解釋不能推得太遠；比如，具有類似宗教傳統的國家腐敗程度可能截然不同，而許多未成年人雖然沒有像成年人那樣捲入犯罪活動或其他形式的嚴重反社會行為，卻依然有過痛苦的經歷。

最後要說的一點是，我們要同樣警惕，不能過於坦然地接受精英甚至學者的一類主張，即外人所批評的「腐敗」只不過是特定國家的文化的一部分，其他人譴責「傳統做法」是不妥當的。比如，就腐敗問題寫過多部專著的馬來西亞社會學家賽義德·侯賽因·阿拉塔斯就批評部分西方人，這些人聲稱腐敗在發展中國家比在發達國家更受到容忍，因為它是發展中國家文化的一部分。對於阿拉塔斯來說，這種立場是傲慢的，他呼籲對腐敗要一致譴責。

第五章
制度相關的解釋

僅僅着眼於個人對腐敗所作的解釋是不完整的；所有人都從屬並受制於環境，我們在此環境下生活和工作。文化已經考察過了，本章的重點是結構因素或制度相關因素；為便於分析，我們將這些因素分為經濟的和政治的。

經濟因素

近年來已有人指出，經濟制度和政策的許多方面都與腐敗程度相互關聯。其中最為普遍的方面之一，關注的是國家捲入經濟活動的程度。該觀點由國際貨幣基金組織的維托·坦齊及其他一些人提出。粗略地說，該主張認為國家越是捲入經濟活動，腐敗就會越多。乍一聽，這種觀點似乎很有道理；畢竟，國家捲入經濟活動越深，一般就意味着官僚機構越龐大，國家官員和商界人士之間的互動就越多，而這兩個方面都容易引起腐敗。更多的國家干預通常意味着官員有更多的機會「尋租」——此處意指他們能向願意支付

回報的個人或公司售賣對其有利的決策來獲取額外的不當收入。

然而，約翰·耶林和斯特羅姆·撒克的研究顯示，一方面，國家機器的規模以及國家在頒發商業許可方面干涉經濟的程度，與要求商業企業俯首聽命之間並無明確關聯；另一方面，前者與腐敗程度之間同樣無此關聯。世界經濟論壇每年發佈關於各經濟體全球競爭力的報告（全球競爭力報告），考察的部分內容就是：要創辦並運營一家企業，需要獲得多少項許可以及其他形式的官方文書。這一點可以通過將2012年腐敗印象指數中前10位和後10位國家的排名，與它們在2012−2013年度全球競爭力報告「政府負擔指數」中的排名進行比較來表明（該指數所提的問題是：在你的國家，企業在遵守政府的行政性要求，比如許可、規章和報告方面負擔有多重？排名越低，負擔越輕）。

表3表明，腐敗程度與政府對經濟活動的干預程度並不密切相關，像塔吉克斯坦、柬埔寨之類顯然高度腐敗的國家，官僚程度比丹麥、挪威、加拿大還要低；但是前兩者，加上乍得、吉爾吉斯斯坦和利比亞，在2012年的評估中都比澳大利亞官僚程度更低，而澳大利亞對企業合規性的要求是極高的。

然而，全球競爭力報告中比「政府負擔指數」包含更多變量的綜合指標，即全球競爭力指數（GCI），卻顯示出兩者之間更密切的相關性。在表4中，新西蘭

的排名屬異常數據，澳大利亞也是，雖然沒有那麼明顯；印象腐敗程度和經濟競爭力綜合水平之間的變化卻比表3中的變化小得多。

要考察的另一項經濟變量是私有化。一直以國有

表3　　印象腐敗程度與政府管制程度相比較

國家	2012年腐敗印象指數排名	2012/13年全球競爭力報告政府管制負擔排名	國家	2012年腐敗印象指數排名	2012/13年全球競爭力報告政府管制負擔排名
丹麥	1=	69	吉爾吉斯	(135)	92
芬蘭	1=	6	也門	(136)	119
新西蘭	1=	14	柬埔寨	(137=)	42
瑞典	4	31	塔吉克斯	(137=)	22
新加坡	5	1	利比亞	(139)	61
瑞士	6	16	津巴布韋	(140)	107
澳大利亞	7=	96	布隆迪	(14⊨)	121
挪威	7=	64	乍得	(14⊨)	95
加拿大	9=	60	海地	(14⊨)	115
荷蘭	9=	34	委內瑞拉	(14⊨)	143

說明：全球競爭力報告和腐敗印象指數分析的國家和地區數量有別（2012年分別為144個和176個）。為便於比較兩項排名，腐敗印象指數包含但全球競爭力報告不包含的國家和地區沒有列出，其餘國家和地區則以144為總數重新排名。簡言之，表3中腐敗印象指數排名後10位的國家，是同時出現在全球競爭力報告中的排名最靠後的國家，這就解釋了為何表3腐敗印象指數排名「後10位」的國家與表1中的後10位並不相同；表3中的括號就是為了突出這一點。

體制為主的經濟體在進行私有化的過程中會產生許多腐敗機會，因為部分商界人士在投標時會提供賄賂和回扣，以不公平地獲得相對於其他人的優勢。對於1990年代後共產主義轉型國家中的高度腐敗，這個因素很能說明問題。但是，私有化也是對經濟管理所持的新自由主義(或華盛頓共識)態度的關鍵特徵，該觀點自1970年代末以來已經在全球得到普及；即使在德國這樣的國家，也有人指控存在與私有化相關的重大腐敗醜聞(雖然是與後共產主義東德的私有化過程相關的)。

表4　印象腐敗程度與經濟競爭力整體水平相比較

國家	2012年腐敗印象指數排名	2012/13全球競爭力指數排名	國家	2012年腐敗印象指數排名*	2012/13全球競爭力指數排名
丹麥	1=	12	吉爾吉斯斯坦	(135)	127
芬蘭	1=	3	也門	(136)	140
新西蘭	1=	23	柬埔寨	(137=)	85
瑞典	4	4	塔吉克斯坦	(137=)	100
新加坡	5	2	利比亞	(139)	113
瑞士	6	1	津巴布韋	(140)	132
澳大利亞	7=	20	布隆迪	(141=)	144
挪威	7=	15	乍得	(141=)	139
加拿大	9=	14	海地	(141=)	142
荷蘭	9=	5	委內瑞拉	(141=)	126

* 此處使用括號的用意見表3的說明。

不過，國家將資產出售給私人企業過程中經常出現的腐敗問題，也不是全然無望。畢竟，當政府確定多數或所有在它看來合適的企業都已經私有化時，私有化過程一般會有結束的一天，至少會在經濟政策中變得不那麼明顯。另一方面，對經濟管理的新自由主義態度的另一個關鍵特徵是，政府應該把之前親自承擔的任務和服務外包出去。通常，外包需要向私人公司招標，由此就產生了新的腐敗機會。更何況，與私有化的情形不同，外包創造的腐敗機會會一直存在。例如，某座城市可能決定將公共交通系統外包，為了確保負責運營的私人公司不會懈怠，城市當局堅持每五年重新投標一次——每次重新商定合同，都為腐敗創造出機會。腐敗、私有化和外包之間的糾纏關係，被視為1990年代英國腐敗程度上升的主要因素；戴維‧霍爾主張：「公共部門的承包合同和特許權利是造成英國腐敗現象的罪魁禍首，政府倡導的私有化又為其火上澆油。」

新自由主義的支持者強調，他們主張的是自由市場優先於混合經濟(即在國家和私人企業之間區分勞動和所有權的經濟形式)，這樣的強調以各種方式加劇了腐敗。比如，新自由主義鼓勵的私有化和外包導致許多國家官員被解僱，無論他們多麼忠誠、勤奮、資深。心系「裁員」(這個詞現在基本上由不那麼刺耳的「合理精簡」取代)往往導致官員更為缺乏安全感，對

供職機構的忠誠也顯著降低，而這兩方面都極易引起腐敗增加；它們有可能引發第四章提到的「松鼠的堅果」綜合徵。新自由主義另一個容易鼓勵腐敗的方面在於關注目標而不是手段，實現宏大目標的重要性往往被置於正當程序之前。

新自由主義對市場自由最大化的關注，與全球化經濟政策緊密相關，後者也試圖將國家在經濟中的作用降到最低並實現市場自由最大化，尤其是在國際貿易中。日本的大前研一等作家將此情形稱為「無國界世界」。這種說法可能會引起誤解：全球化雖然降低了國際貿易的門檻，使資本前所未有地在全球自由流動，卻並沒有明顯地使人的流動更加自由。也有人員流動更為自由的例子，尤其是歐洲的申根區，在那裏人們可以在國與國之間走動而無須出示護照；但在其他方面，人要跨越國界變得更難了，特別是想要在新的國家定居時。雖然在申根區內部人的流動更為自由，要進入這個區域卻更為困難，有些分析人士由此稱之為「歐洲堡壘」。此種狀況鼓勵了腐敗，因為一貧如洗或衝突頻仍的國家中那些絕望的公民會為了更好的生活向偷渡中介付費，後者反過來又賄賂海關和入境官員，讓他們在「貨物」過境時視而不見。

在分析腐敗時有一個常被引用的公式，即羅伯特‧克利特加德的等式C=M+D−A，其中C代表腐敗（corruption），M代表壟斷（monopoly），D代表自由裁

量權(discretion)，A代表問責(accountability)。據此看法，官員的自由裁量權越大，腐敗就越多，除非對這些官員有嚴格的問責機制。經常與之相關的一個領域是稅收。如果採用的是累進稅制(即收入或利潤越高，稅率越高)，部分個人和企業就會賄賂稅務官員，讓自己的收入或利潤按照低於實際的標準來認定。印度的政策組織在1980年代中期進行的一項研究估計，75%以上的稅務監察員有受賄行為，而68%左右的通過註冊稅務師來報稅的納稅人有過行賄行為。

不幸的是，單一稅制是否能夠大大減少此類腐敗的機會，是要打個問號的。這樣的稅制意味着，稅務官員無法以腐敗方式把收入或利潤認定得比實際更低，從而讓個人或公司避開較高的納稅等級，但是他們仍然可能在受賄之後把應稅所得認定得比實際更低，從而協助逃稅。

與腐敗程度密切相關的一個經濟變量是國家的財富總量，以人均國內生產總值來衡量。許多複雜的經濟分析都顯示了這種相關性；就我們眼下的關切來說，最重要的發現是，國家越窮則腐敗程度越高，鮮有例外。要表明這一點，一個簡單的方法是比較腐敗印象指數中排名前12位和後12位國家的人均國內生產總值(見表5，這一次恢復了腐敗印象指數的完整名單，如此一來排名後12位的國家就與表1相同了)。

表5　印象腐敗程度與人均國內生產總值相比較

國家	2012 腐敗印象 指數排名	2011 人均GDP (US$)*	國家	2012 腐敗印象 指數排名	2011 人均GDP (US$)*
丹麥	1=	59898	布隆迪	165=	247
芬蘭	1=	48678	乍得	165=	1006
新西蘭	1=	36919	海地	165=	732
瑞典	4	56755	委內瑞拉	165=	10728
新加坡	5	51242	伊拉克	169	6019
瑞士	6	83087	土庫曼斯坦	170=	5725
澳大利亞	7=	62081	烏茲別克斯坦	170=	1545
挪威	7=	99173	緬甸	172	無數據
加拿大	9=	50578	蘇丹	173	1538
荷蘭	9=	49886	阿富汗	174=	614
冰島	11	44031	朝鮮	174=	無數據
盧森堡	12	111913	索馬里	174=	無數據

* 數字來自世界銀行

　　表5中的**關聯性**比本章考察的其他關聯性要弱，但該表清晰表明，腐敗程度越高則生活水平越低（以人均國內生產總值衡量）。雖然新西蘭是排名前10位（腐敗最少）的國家中人均收入最低的，它的數字仍比腐敗印象指數中排名後10位國家中表現最好的（委內瑞拉）要高2.5倍，而委內瑞拉又比後10位國家中富裕程度緊隨其後的兩個國家，即伊拉克和土庫曼斯坦的數字要高得多。

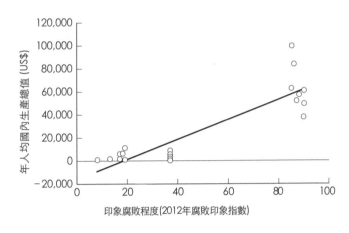

圖5 印象腐敗程度與人均國內生產總值對比圖

在圖5中，印象腐敗程度(2012)和國內生產總值(2011)之間的相關性很明顯；22個點中的每一個分別代表着以下國家之一：8個印象腐敗程度最低和8個印象腐敗程度最高的國家，以及6個腐敗印象指數排名正好居中的國家(88位)。

如果較高的人均國內生產總值分佈得相當不均衡呢？會不會影響國內生產總值和腐敗之間的相關性？柳鐘醒和桑吉維·卡格拉姆於2005年發表的一篇分析很有解釋力；在對129個國家進行的一項複雜研究中，他們表明收入差距越大通常意味着腐敗程度越高。

現在我們來考察腐敗與國際經濟因素之間的關係。一般的假定是，在對外貿易中採取保護主義措施

的國家(給國內供應商比國外供應商更多的優待，比如通過徵收進口稅)比更為開放的國家要腐敗。普山·杜特從經驗上檢驗了這一點，得出結論認為，採用保護主義制度的國家，其官員的確比鼓勵自由貿易國家的官員更為腐敗。他的研究相當有力，令人信服。但我們不應忽視一個事實：腐敗規模不僅指有多少官員受賄，也指賄賂的平均數額。如此一來，更為自由的貿易政策就意味着，比發展中國家或轉型國家的公司遠為龐大、財力遠為雄厚的國外公司，能比國內公司提供數額大得多的賄賂。各公司為了獲得海外訂單所提供的某些賄賂，數額驚人。2010年，瑞士泛亞班拿貨運代理公司在美國一家法院承認，曾於2002至2007年間在7個國家共行賄4900萬美元。泛亞班拿以這種方式提供協助的公司中就包括石油巨頭荷蘭皇家殼牌，後者承認曾向尼日利亞轉包商支付200萬美元以規避「出口手續」。

轉型國家和發展中國家經常向富裕國家，以及國際貨幣基金組織和世界銀行等國際組織尋求經濟援助或獲取貸款。不幸的是，在多數情況下，援助和貸款中有很大一部分最終落入了這些國家國內精英的海外銀行賬戶中。簡言之，本來是為了讓貧困人口受益的行為，結果往往變成精英又一個大有賺頭的腐敗機會。根據透明國際的《2004年全球腐敗報告》，由於領導人從此類以及其他資金中撈取油水而受損最多的國家包括

印度尼西亞(蘇哈托)、菲律賓(馬科斯)、扎伊爾(蒙博托)、尼日利亞(阿巴查)和海地(杜瓦利埃)[*]。

政治因素

經常有人主張國家機構越龐大腐敗越多，這個觀點受到一些人的質疑，他們援引瑞典作為有力的例證：該國國家機構龐大，同時腐敗程度明顯不高。不過，這可能僅僅是常規中的一個例外。戈·科特拉、凱蘇克·奧卡達和蘇萬羅恩·桑烈在2012年的一篇文章中提出了更有說服力的觀點。基於對82個國家的分析，他們得出結論稱腐敗與政府規模之間關係複雜，需要引入第三個變量，即民主程度。情況似乎是，政府規模的擴張往往導致民主健全的國家腐敗減少，但在沒有或幾乎沒有民主的國家則會加劇腐敗。

第三章已經表明，根據目前尚不完善的衡量技術得出的結果，民主確立已久的穩定國家看起來比獨裁國家或動盪體制要更少腐敗。情況無疑是，後一種制度下的許多公民有過切身的行賄經驗(主要是向警察、醫務人員和教育工作者)，而大多數西方人遇到的這種小型腐敗要少得多。如果回頭看我們的印象腐敗程度最高和最低的國家名單，並將這些排名與政治制度類型(如2012–2013年度《經濟學人》民主指數所評估的)

---

[*]　括號內為相應國家的領導人。

進行比較，這種格局就清晰地顯現出來了(表6)。

在印象腐敗程度最低的國家中，新加坡是唯一真正數值異常的；除此以外，格局清晰：在腐敗印象指數和《經濟學人》民主指數中都出現的所有嚴重腐敗的國家，不是混合型(半威權)就是威權制國家，排名後六位的全部是威權制國家。

不過，表6可能存在一些誤導。近年來在確立已久的民主國家中，並不缺少高層次的(精英的)腐敗案例。自1990年代以來，西方許多備受矚目的腐敗都有一個關鍵特徵，即與政黨籌款有關。成熟民主國家的個體領導人和其他政治人物看來更有可能捲入的腐敗行為，其目的在於幫助自己的政黨而不是充實個人腰包(雖然幫助政黨贏得競選無疑能最終使自己受益)；舉個例子，這一點與赫爾穆特·科爾和雅克·希拉克的情況都有關。此類涉及政黨的腐敗有時也適用於發展中國家和轉型國家，但在這些國家，被指控和查實的為個人撈取私利的精英腐敗要比發達國家多得多。

不過，即使在這裏，所進行的區分往往也過於絕對。如第二章所述，分析腐敗的一大難點在於是否將政治遊說納入進來。納入或不納入兩種意見都有可取之處，如果遊說公開透明，我們在此將避開這個困難問題。但是，有大量遊說是模糊的，可能與「收買國家」彼此重疊。按照喬爾·赫爾曼和丹尼爾·考夫曼的說法，它們在許多後共產主義轉型國家阻礙着政治

表6　印象腐敗程度與民主程度比較

國家	CPI排名 2012	EDI排名 2012/13	EDI分類 2012/13	國家	CPI排名 2012	EDI排名 2012/13	EDI分類 2012/13
丹麥	1=	4	完全民主	布隆迪	(157=)	125	威權
芬蘭	1=	9	完全民主	乍得	(157=)	165	威權
新西蘭	1=	5	完全民主	海地	(157=)	116	混合
瑞典	4	2	完全民主	委內瑞拉	(157=)	96	混合
新加坡	5	82	混合	伊拉克	(161)	113	混合
瑞士	6	7	完全民主	土庫曼斯坦	(162)	162	威權
澳大利亞	7=	6	完全民主	烏茲別克斯坦	(162=)	161	威權
挪威	7=	1	完全民主	緬甸	(164)	155	威權
加拿大	9=	8	完全民主	蘇丹	(165)	154	威權
荷蘭	9=	10	完全民主	阿富汗	(166=)	152	威權
冰島	11	3	完全民主	朝鮮	(166=)	167	威權

要點：《經濟學人》民主指數把國家分為完全民主國家、有缺陷民主國
　　　家(表6中不包含)、混合制度和威權國家。

說明：排名後11位的國家在腐敗印象指數和《經濟學人》民主指數中都
　　　有列出；由於2012年後者所評估的國家和地區(167個)比前者(176個)
　　　更少，表6所稱的最為腐敗的國家與實際腐敗印象指數給出的國家並
　　　不完全一致(這一點在表中由括號進行了強調)。

和經濟改革進程。兩人的觀點受到了挑戰，比如一些
分析人士斷言這種觀點過於簡潔：有時無良商人並非
收買議員和公務人員，而是自己加入政治精英隊伍。
從某種意義上說，兩種立場都正確又都不正確；情況
千差萬別，對於一個國家來說是正確的東西在另一個

國家就不正確了。不過很明顯的是，這一現象絕非僅限於轉型國家或發展中國家。

發達國家的議員有時也會出賣他們在議會中的投票權。在英國，有許多「金錢換議題」醜聞，上下兩院議員都曾被控為獲取賄賂而在議會中提出議題並不當地促進遊說者(其中有些人實際上是調查記者假扮的)的利益。2013年，前勞工大臣坎寧安勳爵和前保守黨前座議員帕特里克·默瑟就受到了這樣的指控。在坎寧安的案子中，上議院調查認定，沒有充分證據表明存在有必要進一步調查的瀆職行為。不過默瑟還是辭去了保守黨黨鞭職務，並於2014年4月宣佈即將退出議院，而在緊隨其後的5月，標準委員會的一份報告顯示他蓄意迴避了政治辯護規則，建議對其處以暫停下議院議員職務六個月的處罰。

在德國社會學家馬克斯·韋伯看來，運轉良好的現代國家不僅應該實現民主，還應該擁有健全的法治文化；事實上，韋伯對後者的關心更甚於前者。自2010年起，華盛頓和位於西雅圖的「世界正義工程」開始統計法治指數(RLI)；2012–2013年度的法治指數共評估了97個國家和地區。遺憾的是，法治指數並不對國家和地區進行單一的總體排名。不過，其中的第五項因素(「開放政府」)包括四個變量，被多數法治研究專家視為法治的關鍵要素：法律被公之於眾且方便查閱，法律較為穩定，公民有權向政府請願並要求

參政，官方信息經要求可以查閱。以上變量並未涵蓋法治的所有關鍵方面，比如無人凌駕於法律之上和法律不應溯及既往，但還是有益地匯集了許多因素，這些因素正是判定一國或一地區的法治程度時應該考察的。有鑒於此，我們可以再次看看各國和各地區的印象腐敗程度，這一次是因為它們看起來與法治相關聯（見表7）。

與之前一樣，除新加坡、肯尼亞、吉爾吉斯斯坦和烏克蘭這樣的例外，大多數國家和地區的印象腐敗程度和法治程度之間具有明顯的相似性。事實上，一國或一地區腐敗的多寡可被視為其法治文化的一個指針。

許多發展中國家抱怨，在腐敗印象指數中關注受賄者（腐敗的需求方）同時又基本上忽視行賄者或同意行賄者（供給方），這是不公平的；於是，透明國際於1999年推出了行賄者指數（BPI）。該指數邀請商界人士（早年的行賄者指數只請發展中國家和地區的商界人士）列出一些國家和地區，那裏的公司最有可能行賄以換取訂單。行賄者指數每三至四年發佈一次，現在也向發達國家和轉型國家的商界人士發放問卷，讓他們評估各國和各地區企業的行賄傾向。該指數關注的是世界上主要的出口國家和地區，納入排名的不到30個。2011年行賄者指數調查結果見表8（打分為0–10，分數越高行賄傾向越低）。

關於表8要強調的一點是，雖然其排名與腐敗印象

表 7　印象腐敗程度與法治程度相比較

國家/地區	CPI 排名 2012	WJP 排名 2012	國家/地區	CPI 排名 2012	WJP 排名 2012
丹麥	1=	8	肯尼亞	(86=)	64
芬蘭	1=	7	尼泊爾	(86=)	79
新西蘭	1=	4	尼日利亞	(86=)	90
瑞典	4	1	巴基斯坦	(86=)	92
新加坡	5	19	孟加拉國	(90=)	89
澳大利亞	(6=)	5	喀麥隆	(90=)	95
挪威	(6=)	3	烏克蘭	(90=)	62
加拿大	(8=)	6	吉爾吉斯斯坦	(93)	61
荷蘭	(8=)	2	柬埔寨	(94)	83
德國	(10)	16	津巴布韋	(95)	97
香港	(11)	10	委內瑞拉	(96)	84
比利時	(12)	21	烏茲別克斯坦	(97)	88

說明：和本章大多數表格一樣，由於包含的國家和地區數量少於法治指
　　數所涵蓋的，本表對各國和各地區原腐敗印象指數重新進行了排名
　　（這一點同樣用括號加以強調）。

指數排名密切相關，行賄者指數所涵蓋國家和地區的
分數差距(6.1–8.8)要比後者小得多。

　　西方國家的公司看上去不太可能行賄是事實，但
不應遮蔽另一事實：近年來有許多總部位於西方的大
型跨國公司，都曾被曝為獲取海外訂單或其他形式
的優待(比如減稅)而行賄或提供回扣；除之前列舉過

表8　2011年行賄者指數

國家	排名	分數
荷蘭	1=	8.8
瑞士	1=	8.8
比利時	3	8.7
德國	4=	8.6
日本	4=	8.6
澳大利亞	6=	8.5
加拿大	6=	8.5
新加坡	8=	8.3
英國	8=	8.3
美國	10	8.1
法國	11=	8.0
西班牙	11=	8.0
朝鮮	13	7.9
巴西	14	7.7
香港	15=	7.6
意大利	15=	7.6
馬來西亞	15=	7.6
南非	15=	7.6
台灣	19=	7.5
印度	19=	7.5
土耳其	19=	7.5
沙特阿拉伯	22	7.4
阿根廷	23=	7.3
阿聯酋	23=	7.3
印度尼西亞	25	7.1
墨西哥	26	7.0
中國	27	6.5
俄羅斯	28	6.1

的，其他引人注目的例子包括哈里伯頓、惠普電腦和輝瑞製藥。

這樣的公司不端行為有時會導致另一類腐敗，此類腐敗在發達國家比在轉型國家或發展中國家更為常見；也就是說，在轉型國家或發展中國家，政府高級官員明知本國公司在向海外行賄，卻對違法視而不見甚至試圖遮掩。一個典型的例子是英國向沙特阿拉伯出售武器的重大政治醜聞。此次醜聞與亞瑪瑪軍火交易有關，在該宗交易中英國軍火製造商航太公司(BAE)及其前身被控向沙特人大量行賄以獲取訂單。此案歷時長久，盤根錯節。一句話，這是英國有史以來數額最大的商業交易；首相貝理雅以國家安全為由於2006年阻止了對相關指控的調查，由此被指掩蓋真相；2010年，航太公司在辯訴交易中同意向美國當局支付4億美元罰款，此舉意味着它將不被認定為行賄(雖然該公司承認偽造了賬目並且作了誤導性的陳述)。航太公司交了這筆美國法律史上數額最大的罰款之一，也在大概同樣的時間向英國的嚴重欺詐調查局交了數額略小但同樣不菲的另一筆罰款。不過，未被認定實際行賄這一事實還是意味着，航太公司沒有被世界銀行和其他國際機構排除出局(拉入黑名單)，未來仍然能夠在軍火交易中自由地投標。

國家的歷史遺產往往是有助於解釋腐敗的重要政治因素，我們在第四章中考察過這一點。對遺產的反

應也會影響腐敗程度。許多後革命時代的國家試圖在艱難的環境中廢除各個領域，包括財產、選舉和政黨籌款、福利、稅收等領域的大量法律而代之以新法，結果往往是立法滯後。通常，在舊法已被廢止，而替代法律或者還沒通過，或者作為新法漏洞頗多的情形下，腐敗會大量發生。

在發生過衝突的國家往往能找到一種不同的遺產。在許多情況下，這樣的國家在衝突期間遭受着國際制裁，甚至被完全禁運；此時，為了獲得供應，一些國家的政府會既鼓勵腐敗，又鼓勵政府官員和有組織犯罪相勾結。在衝突結束後，建立在這種情況下的行為模式往往持續存在。一個典型的例子是塞爾維亞。該國在1991年受到貿易制裁，直到1996年制裁才撤銷。1996年，塞爾維亞總檢察長承認，如果不是走私，該國將無法正常運轉；走私主要是由犯罪團夥進行的，但當局也有共謀行為。

某些國家功能失調或效能低下，於是被歸為「失敗的國家」。被冠以如此稱謂是不幸的，按某種解釋，它意味着這樣的制度無可挽救。因此，有人提出「落入困境的」「陷入混亂的」「脆弱的」之類的形容詞作為替代。這些詞的確更為可取，它們意指制度有嚴重問題，卻並不暗示已經無望。不過必須承認的是，一國政府的履職水平與印象腐敗程度之間存在密切的相關性。表9通過比較各國的腐敗印象指數排名和

失敗國家指數(FSI，令人欣慰的是，於2014年更名為「脆弱國家指數」)排名，清晰地表明了這一點。

最後一項政治變量是政府中的性別平衡。在2001年的一篇雖然不長但影響廣泛的文章中，戴維·多拉爾、雷蒙德·菲斯曼和羅伯塔·加蒂認為，女性從政人員比例高的政治制度一般比女性比例低的腐敗更

表9　印象腐敗程度與國家脆弱程度相比較

國家	CPI 排名 2012	FSI 排名 2012*	國家	CPI 排名 2012	FSI 排名 2012*
丹麥	1=	3	布隆迪	165=	160
芬蘭	1=	1	乍得	165=	174
新西蘭	1=	7	海地	165=	171
瑞典	4	2	委內瑞拉	165=	95
新加坡	5	21	伊拉克	169	169
瑞士	6	4	土庫曼斯坦	170=	96
澳大利亞	7=	13	烏茲別克斯坦	170=	138
挪威	7=	5	緬甸	172	157
加拿大	9=	9	蘇丹	173	175
荷蘭	9=	11	阿富汗	174=	172
冰島	11	12	朝鮮	174=	156
盧森堡	12	6	索馬里	174=	177

*　腐敗印象指數和失敗國家指數評分體系方向相反：在腐敗印象指數中數字越低越好，失敗國家指數則相反；為方便與腐敗印象指數對比，表中對失敗國家指數的評分按相反順序排列，即該指數排名越高，國家看起來就越脆弱。

少。這一觀點受到宋鴻恩[*]的質疑，他堅持認為，決定腐敗程度的不是女性的佔比，而是民主的健全程度。

如2012年腐敗印象指數所反映的，本章揭示的大多數相互關聯性都與印象腐敗程度相關。但是，腐敗原因權威分析人士丹尼爾・特雷斯曼認為，雖然這類關聯性(以及其他一些，比如對燃料出口的依賴)頗為有趣，並且能夠解釋近90%跨越國界的變化形式，它們還是有問題的，因為「對實際腐敗經驗進行衡量，向不同國家的商界人士和國民發放問卷、詢問其近來是否被期待行賄時，一旦把上述國家的收入納入考量，就會與這些因素中的任何一個都不相關」。特雷斯曼因此建議採用更依賴於經驗的調查方式。但他也提醒讀者，這類調查方式一般只能反映底層腐敗，精英層面的腐敗通常後果更為嚴重，也更有可能通過印象調查來反映。

此外，相互關聯並不能證明因果關係，在某個點上，還要重視直覺和個人觀察。用以判定腐敗主要原因的技術目前還相當複雜，處於不斷完善中，我們必須一直警惕潛在的雙重危險，即從太少的案例中進行不恰當的概括(歸納推理)，以及以寬泛的概括為基礎來解釋個案(演繹推理)。對於腐敗的研究和解釋，顯然還有很長的路要走。

總而言之，本章引用的分析與系統性或結構性解

---

[*]　紐約城市大學約翰・傑伊刑事司法學院刑事司法學教授。

釋相關，就其名稱來說恰如其份。要提醒讀者的是，考察腐敗需要以結構化理論為基礎，有一個整體的看法，制度和人兩者都無法自成一體或決定一切：它們是相互作用的。

第六章
國家能做些什麼？

腐敗被社會科學家稱為「邪惡」的問題，意思是說它極為複雜，永遠只能得到部分解決；它可以遏制，但無法根除。國家在對這個邪惡問題的應對方面發揮着關鍵作用，可以採取「大棒」（抑制）、「胡蘿蔔」（激勵）、「行政和技術」以及「其他」方法。

大棒措施

國家可以用來減少腐敗的最明顯的「大棒」是法律制度。博茨瓦納是非洲最廉潔的國家，對此該國當局有時給出的解釋是，它們的起訴率遠高於國際平均水平。起訴對象既可能是受賄者也可能是行賄者。

但是，起訴不是唯一的考慮因素；定罪率和刑罰的嚴厲程度也很重要。如果對被判定腐敗的人處罰寬鬆，司法系統將無法起到有效的威懾作用。一些國家的確對腐敗判處重刑。2011年初，美國賓夕法尼亞州的一名法官被判處28年監禁，原因在於為了從兩名創立並運營私立少年拘留中心的商人那裏得到大筆賄

賂，該法官以錯誤的量刑把數千名兒童關進少年監獄；在美國，這是廣為人知的「孩子換金錢」醜聞。

遺憾的是，嚴厲的處罰在全球範圍內並不多見；那些腐敗罪名成立的人被判處的刑罰通常都很溫和。2014年3月，美國一名邊境檢查員被發現與毒品和人口販子勾結達近十年之久，卻只被聖迭戈一家法院判處七年半的監禁。與其他多數案例相比，這已經算比較嚴厲的了。如果我們採納腐敗的寬泛定義，把私人企業的不端行為也納入考慮，還可以看到2005年在德國，大眾汽車兩名高管深度捲入「性、賄賂和腐敗醜聞」；2008年，此案被判罪名成立，當事人獲得短期徒刑(兩年零九個月)和短暫緩刑期(12個月)，被指量刑過輕。

有時，腐敗罪名成立的人之所以得到寬大處罰，是因為配合當局來查處其他捲入不當行為的人。舉一個例子：2014年1月，德克薩斯州一名政治顧問因腐敗罪只被判處十個月監禁(外加罰款和獄後察看)；情況很明顯，他之所以被從輕發落，是因為「透露了秘密」，供出建築公司與地方官員以及一名前法官之間的腐敗，使多人被定罪。

被證明行事腐敗的人往往還能全然躲過刑事訴訟，只面臨行政訴訟。撤職這樣的處罰可能會令人尷尬，但與監禁相比，卻不會有嚴重的長期負面影響，因此便少了威懾作用。

另一方面，有十個國家把死刑作為懲治腐敗的可能刑罰，不過其中只有中國會經常動用。近年來，中國的多名官員被判處死刑或面臨死刑威脅。對於高級官員來說，死刑一般會緩期執行，他們最終會受到長期監禁，但還是有已經被處決的，比如杭州、瀋陽和蘇州三市的原副市長[*]。2013年前，死刑在越南很少使用；由於越南公眾對腐敗的關注，2013和2014年，該國至少有三名銀行系統官員因侵吞國有銀行資金被判處死刑。

嚴刑峻法並非用法律制度來打擊腐敗所面臨的唯一問題，對法律的濫用也是一個問題。在許多國家，司法系統高度政治化，法治孱弱。在此情形下，被告若不能自證清白一般就被認為有罪，那些在中立觀察者看來並不腐敗的人，可能會出於純粹的政治原因而被誣陷和定罪（例如身為向威權式執政黨發出挑戰，或者批評了國家領導人的政黨黨員）。

就國家來說，在政治光譜的另一端可能會出現另一個問題。瑞典非常重視對公民自由的捍衛，禁止執法機構發起誘捕行動（針對犯罪嫌疑人）或設置圈套（針對非犯罪嫌疑人）。雖然強有力的法治觀點支持着瑞典在誘捕問題上的立場，反對誘捕行動的主張還是相當無力，它意味着一個潛在的強大反腐工具沒有派上用

---

[*] 分別指杭州市原副市長許邁永、蘇州市原副市長姜人傑、瀋陽市原副市長馬向東。

場。而且，瑞典在這方面前後不一：它允許攔截妓女的潛在客戶的移動電話(在瑞典賣淫是合法的，嫖娼卻是非法的)。

如果官員生活奢侈，與他們申報的收入看起來不相稱，國家應該展開調查。在許多國家，官員現在必須申報收入和資產，這是減少腐敗的一種方式。但是，許多腐敗官員都以少報數額了事。這就是為什麼深入審核他們的收入和支出，包括查詢銀行賬戶，原則上是國家適於採取的措施。

遺憾的是，這種方法效用有限。明顯的一點是，一些腐敗官員，尤其是精英層面的，會將不義之財存入隱蔽的海外賬戶，使政府當局無法查詢。另一個問題是，一些民權活動人士認為，這樣的調查是在侵犯隱私，在以法治為基礎的民主國家令人無法接受。考慮到腐敗的潛在危害，這種說法是無力的；腐敗的受害者也有權利，如果可以證明收入乃合法取得，那些受到調查的人應該無所畏懼。當然，危險在於，一些國家會蠻橫行事；但是這更可能發生在威權國家中，在那裏個人反正幾無權利可言，公民權利的說法在此情形下基本上是無稽之談。

法院的存在是為了主持公道，立法機構的責任則在於通過法律。但是情況往往是，與腐敗相關的法律或者沒有，或者存在嚴重不足。有時，法律含糊不清或充滿缺陷，辯護律師很容易為受到腐敗指控的當事

人做出有利陳述，說法律沒有明確禁止或並不明確適用於特定類型的不端行為。因此，各國有責任加強反腐立法。法律之所以無力或含糊，有時與制度未能與時俱進有關，畢竟法律的修訂和完善都需要時間；另一個因素是，議員往往有自己的既得利益，無意通過強硬、明確的立法；一旦通過，他們自己那見不得人的勾當就會暴露出來，受到懲罰。

許多國家和地區現在有專門的反腐機構(ACAs)。新加坡在反腐方面較為成功，當局常常將之部分歸因於該國建立了世界上第一個獨立的反腐機構——貪污調查局(CPIB)。該調查局成立於1952年，一直表現出色，使新加坡的腐敗程度保持在較低水平。另一個卓有成效的反腐機構是香港廉政公署(ICAC, 1974年成立)，而成立於1994年的博茨瓦納腐敗和經濟犯罪問題管理局(DCEC)同樣成績驕人。除了這三個通常被視為典範的反腐機構，其他的類似機構則遠為遜色。

反腐機構表現不佳有很多原因，比如資金不足和責任不清。後者往往是因為繼任的政府在設立新機構後沒有解散老的機構，造成分工不明，部門之間互相扯皮。研究亞洲腐敗的權威專家喬·S.T. 奎令人信服地提出，貪污調查局能在新加坡獲得成功、廉政公署能在香港獲得成功，一個重要原因是兩者都獨自承擔着打擊腐敗的責任(這一點也適用於博茨瓦納)；在多數其他國家和地區，反腐機構則不止一個。第四個問

題是，這些機構一般不夠獨立於調查對象。世界上許多調查警方腐敗的反腐機構，都被要求利用警察進行調查。與這種做法相反，貪污調查局和廉政公署都有自己的調查力量，分別向新加坡總理辦公室和香港特首直接負責。

在一些國家，對腐敗分子施加「大棒」的一種常見方式是進行公開羞辱。例如，南非司法部長在2013年2月宣佈，一旦選定媒體，政府將公佈被判犯有腐敗罪的人的姓名；6月，被判嚴重欺詐和腐敗罪成立的42人，名字便被公佈在南非的政府網站上。

與點名羞辱腐敗者的做法密切相關的一項政策，是把被發現捲入公職人員腐敗的私人公司公開列入黑名單(取消資格)。新加坡在此領域也一直走在前列。1996年1月，新加坡當局取消了五大公司，包括西門子(Siemens 德國)、英國絕緣電纜(BICC 英國)和倍耐力(Pirelli 意大利)，在五年內向新加坡承包合同投標的資格，因為這些公司被發現向新加坡官員行賄。西門子也被其他多個國家，包括意大利、斯洛伐克和巴西取消過資格，還在另一些國家(如阿根廷)被控腐敗。

可用來懲罰行賄公司的另一種方法是提起訴訟。菲律賓政府就是這麼做的：西屋電氣公司在1980年代建造了巴丹核電廠，之後從未運行過，直至1999年決定封存；該項目沒有得到授權，因為相當靠近一個主要的地震斷層線和一座1991年爆發過的火山。遺憾

的是，菲律賓當局無法說服美國根據其《反海外腐敗法》審判西屋公司，原因一直未明。不過，提起訴訟的可能性仍然存在。

最後的「大棒」法就是，對於正在盤算着涉身腐敗的人，當局威脅在將來加以懲罰；一個有力的方法是威脅取消退休金。

胡蘿蔔措施

公元一世紀，羅馬歷史學家塔西佗寫道：「國家越腐敗，法律越煩冗。」這個說法雖有些籠統，卻不乏道理，我們有必要考察除了引入越來越多的規則，國家還可以通過哪些方式來反腐。

政府可以利用一系列激勵措施來努力減少腐敗。措施之一是改善官員的工作條件，特別是提高工資；新加坡、格魯吉亞以及執行程度稍遜的俄羅斯針對執法官員的反腐政策之所以取得成功，在評論者看來與大幅加薪是有關係的。不過與多數反腐措施一樣，這種方法也有問題。許多顯然極為腐敗的國家也都是赤貧國家，沒有財力將官員工資提得很高，以至於在某些評論者看來能夠減少腐敗。其次，僅僅提高工資而不同時加強「大棒」措施，往往意味着在現實中腐敗官員拿着更高的薪水，同時繼續收受賄賂；他們左右逢源，國家卻兩頭落空：向官員付酬更多，財政收入卻並未增加。

沒有財力為官員群體全面加薪的國家也可以另闢蹊徑，這條路徑仍是基於物質激勵，但成本更低。那就是向反腐過程中發揮積極作用的官員提供經濟獎勵。遺憾的是，此種做法可能會適得其反。例如，匈牙利當局多年前決定獎勵某些海關官員，這些官員把行賄以求走私物品通關的旅客揭發了出來。一名海關官員成功獲得大量獎勵，收入比總理還高。這就引起了懷疑，後經調查得知，該官員為了獲取盡可能多的收入一直在進行虛假指控。該激勵方法的一個變化形式是，獎勵那些潔身自好或者檢舉腐敗同僚的官員。

　　到目前為止，激勵的重點一直是官員。其實國家也可以鼓勵公民舉報腐敗行為。一個常見的方法是設立匿名熱線電話。另一種可能性是創立機制，保護證人和舉報人（舉報他人的已知腐敗行為或涉嫌腐敗行為的人）。遺憾的是，不僅保護機製成本較高，那些發起舉報或在法庭上指證嫌疑人的人，其下場可能比作惡的人更為悲慘。從組織內部進行舉報的人經常發現自己遭到同僚的冷遇，許多人由於同僚的苛待，最終要麼被解僱，要麼主動辭職。

　　雖有保護機制，證人也可能面臨同樣惡劣的遭遇，甚至更為糟糕。這些機制大多關聯着黑幫暴力犯罪的證人，但不應忘記的是，警察腐敗也可能涉及威脅使用和實際發生的暴力。為了保護證人安全，他們一般被賦予新的身份，轉移到新的地點。不幸的是，

這樣可能會對其生活造成災難性的影響，因為他們往往遠離家人和朋友，進入陌生的環境，不得不活在謊言中（即不能透露自己的真實身份）。總之，這種形式的激勵可能會給執法部門提供幫助，但對那些協助當局的人卻可能產生嚴重後果。

行政和技術措施

反腐的一個日益常用的行政方法是輪換制，即官員定期從一個職位調任另一職位。其依據是，腐敗網絡需要時間來編織，人事的頻繁變動可能會抑制這一點。德國進行的一項實驗表明，結果可能正是如此，但來自印度的證據卻不太樂觀，它表明在位者有時會互通信息，交流誰可能腐化誰又不會。此外，職位之間的頻繁調動可能意味着集體記憶和執政經驗中有價值的東西無法保存。輪換制對行賄者來說也有消極的一面，他們可能會發現不得不為一項好處破費兩次：一次給原來的腐敗官員，另一次給其繼任者。

從嚴審計也能起到打擊腐敗的作用。在2003至2004年間，經濟學家本傑明·奧肯在印度尼西亞的600多個村莊進行了一項試驗，發起一項築路工程。在實驗開始時，此類工程只有4%會接受印尼當局審計。但是，奧肯在每一個村莊都宣稱，所有工程現在都將被審計。通過複雜的方法，他計算得出，在如此宣稱之

後，「無法查實的支出」平均下降了超過8%，他視之為「腐敗稅」。奧肯的結論是，自上而下的審計是一種有效的反腐方法；並進一步認為，這種方法比基層監督系統更加有效。

一種具有技術色彩的反腐方法是設置規範。假設馬里政府要在首都巴馬科新建一座機場，於是發起招標。由於政府過去參與過其他重大基礎設施工程，熟知馬里的材料和人工成本，可以計算一公里跑道的大致成本，從而給出規範，即最高和最低數額的費用，具體看投標公司提供哪些內容(例如是成本較高的快速完工，還是成本更低的慢速施工)。於是，對於遠高於或遠低於此規範的報價，政府就應該有所懷疑。在前一種情況下，投標者可能把腐敗的「間接成本」計算在內了(從而抬高了價格)；在後一種情況下，他們可能試圖賄賂採購官員，讓其接受偏低的報價；投標者的盤算是，一旦獲得承包合同，隨後就能聲稱成本發生了井噴。

規範設置存在的一個問題是，並不清楚是否應該把規範透露給潛在的投標人。如果規範保密，外國企業相對於本土公司可能會處於劣勢，因為除非此前在該地區接過項目，它們可能很難準確地評估成本。另一方面，透露規範又會使本土公司相對於國外企業處於劣勢，因為大型海外公司如果擁有發展中國家或轉型國家的本土企業所沒有的昂貴設備，就可以發揮規模經濟的優勢，投入更少的人工。

在所涉及的數額方面，潛在腐敗極為嚴重的一個領域是採購。國防方面的承包合同可能價值數百萬甚至數十億美元，而且已經出現了多起軍用飛機製造商大肆賄賂官員以取得訂單的例子。應對的方法之一是引入開放的網上招標，使整個採購過程更加透明。遺憾的是，許多國家的政府，更不要說國防裝備的私人製造商，偏偏願意讓國防開支難以捉摸，還聲稱是為了國家安全。

網上招標只是技術性更強的眾多反腐方法之一。另一種方法是在重要地點使用閉路電視，比如已知或懷疑海關官員高度腐敗，就可以在邊境口岸使用。廣泛應用自動化高速攝像機，則可以減少交警接受駕車人賄賂或向駕車人索賄的機會。

由於腐敗在多數國家的多數機構中都會發生，而且多數反腐措施都有成本(政府通常都想減少)，國家最好把目標對準被視為最具破壞性的腐敗，而不是所有的腐敗；如何評估哪種腐敗破壞性最大，則因國家而異。比如，在多數發達國家，腐敗在交警隊伍中並不是嚴重問題，但交警往往又是重案組成員，重案組裏的警察會與罪犯正面接觸，罪犯則有可能向他們提供大額賄賂。因此，各國需要針對特定的方法，制定適合於自己的風險(或弱點)評估機制。

其他措施

許多觀察人士認為，在長期的反腐鬥爭中最有用的方法是提高社會信任度，並通過倫理教育來改變公眾態度和道德觀念。這種方法有一個問題，即需要很長時間，有時甚至需要幾代人才能見效。此外，它在實施過程中會遭遇許多因素的抵制，有可能一直影響甚微。

然而，有限的經驗證據表明，專門的研討會(參與者為官員、管理人員、中小學生等)和某些類型的宣傳可能會影響人們對腐敗的看法，即使在很短的時間內。着眼於後者，主要有兩種類型的宣傳，其中之一通常比另一種更為成功。更有效的那一種是由政府提高公眾的意識，讓他們認識到什麼是腐敗、腐敗是不能接受的、國民在反腐事業中能發揮什麼樣的作用。相反，在另一種宣傳中，政府宣佈將着手打擊腐敗官員，該做法通常要麼效果有限，要麼適得其反。很多時候，第二種宣傳會導致「狼來了」綜合徵：國民對「新」運動司空見慣，這些運動和之前的許多次一樣，本應該針對高層腐敗，最後卻大多不了了之；他們不會相信政客們的說法，即這一次的運動不同以往。於是，公共領域的犬儒主義和缺少信任就會成為普遍現象。

有時，某個國家的腐敗問題極為嚴重，必須採取

治本的方法。米哈伊爾・薩卡什維利在擔任格魯吉亞總統時採取的方法是，辭退國家特定部門的所有官員、撤銷這個部門，然後用新的部門、新的人員和新的形象來取代。薩卡什維利自2004年起對交警部門就是這麼做的，結果極為成功。

在一些國家部門中，工作人員傳統上以男性為主；警察隊伍是一個明顯的例子。在這樣的部門解決腐敗問題的一個創新方法，是改變性別平衡。1990年代，由於嚴重腐敗，秘魯的交警受到本國政府和世界銀行指責。世界銀行建議試着改變一下性別平衡，因為女性被認為比男性更不易腐化。1998年起，秘魯交警中女性的比例日益增加。十年後，秘魯警方發言人稱這一政策已經取得了重大成功，交警的腐敗程度大幅下降。秘魯人先行一步之後，類似政策在墨西哥城被採納，目標同樣在於減少交警腐敗；再一次，初步結果令人鼓舞。

然而，薩布麗娜・卡里姆最近對秘魯狀況的研究表明，警察隊伍的女性化雖降低了腐敗，結果卻並不像官方聲稱的那麼令人驚嘆和立竿見影。女性在國家特定部門中所佔的比例與腐敗程度的相關性，並不像有時聲稱的那麼緊密。這方面的經驗證據仍然稀疏，但已經有人提出，在隊伍女性化時，腐敗降低的原因與其說是性別變化，不如說是人員更新。腐敗網絡需要時間來織成，因為具有腐敗傾向的官員之間的信任

需要確立和培養。此處暗示的是，女性若長期緊密合作，也可能變得高度腐敗。

這方面有一個有趣的插曲。從有限的證據來看，女性一般更傾向於彼此信任而不是信任男性，反之亦然。部分基於該假設，波蘭警察部門近年來在可行的情況下，會安排一男一女兩人一組進行巡邏。

與性別有關的最後一點是，瑪麗蓮·科爾西亞諾斯對美國警察腐敗的研究表明，女性警察比男性警察結成腐敗網絡的可能性要小得多；如果這一點也適用於其他地方，它就有助於解釋，為什麼女性警察比例較高的地方腐敗程度顯然較低。

拉丁美洲國家的領導人決心減少腐敗時，除了以激進的方式恢復性別平衡，還嘗試了其他創新方法。1990年代中期，哥倫比亞首都波哥大時任市長安塔納斯·莫庫斯就採用了另一種方法。和許多拉丁美洲城市一樣，波哥大的交警部門腐敗問題嚴重。莫庫斯解決問題的方法很有創意，他不僅和薩卡什維利十年後在格魯吉亞所做的一樣，解散了交警隊伍，而且引入啞劇演員作為解決城市交通問題的一種方式。違反交通規則的人不再被罰款，或者在行賄之後被免於罰款，相反，他們會受到一大群啞劇藝人的嘲笑。這不僅改善了波哥大的交通狀況，同時也減少了腐敗。

第四種激進方法基於一則格言：「無法打敗，那就入伙。」1990年代，羅馬尼亞軍隊中存在腐敗，徵

兵的軍官經常簽署「不適兵役」聲明來換取賄賂。政府沒有試圖通過加緊控制來解決這個問題，而是另闢蹊徑，使那些不想服兵役的人可以合法地自己出錢來贖買役期。這意味着，大部分——總有一些人還是會冒險行賄而不支付(更高的)官方收費——之前流入軍官腰包的錢現在進入國庫成為公帑。

最後一個激進的做法是特赦被控腐敗或涉嫌腐敗的人。政府可以宣佈，過去發生的事既往不咎，但會從下一年開始重拳打擊。該方法只應該在極端情況下考慮，此時腐敗已經極為普遍，期待新政府比它取代的舊政府更為廉潔是不現實的。這種方法有明顯的缺陷：公眾中會有很多人在一開始被激怒，因為貪官被寬恕了，這反過來又會削弱國家的合法性。不過，如果正面結果很快變得明顯，很多國民就能看出這種方法是兩害相權取其輕。

到目前為止，我們一直關注的是各國政府可以採取的國內措施。各國還可以與外部機構，包括其他國家，彼此合作、互相學習。我們最後要提到的一系列「其他」方法與國家可以而且應該在國界之外所做的努力相關。

直到1990年代，美國是唯一一個對商業企業的海外不端行為進行立法的國家。1977年，隨着洛克希德賄賂醜聞(美國一家主要的軍用飛機製造商被曝多年來在多個國家行賄，以獲得海外訂單)的發生以及水門事

件之後公眾對不端行為的普遍不滿，美國通過了《反海外腐敗法》（FCPA），使得美國公司在海外主動或被動行賄來獲得訂單不再合法。在1990年代末以前該法案在現實中很少應用，但它開創了一個先例，並被美國用來敦促經濟合作與發展組織通過一部反對賄賂行為的公約(第七章會考察這部公約)。近年來受到《反海外腐敗法》影響的公司中，就有世界上僱員人數最多的沃爾瑪，該公司於2012年4月被《紐約時報》公開指責在墨西哥行賄；2014年2月，沃爾瑪宣佈將在隨後12個月中投入2億美元來調查可能違反《反海外腐敗法》的行為。

近年來，很多西方國家都通過了與《反海外腐敗法》類似的立法；多數分析人士認為，英國於2010年4月新通過(2011年7月生效)的《反賄賂法案》樹立了新的、更高的標桿。這一法案被部分人視為世界上最嚴厲的反賄賂法，調節範圍相當廣泛，涵蓋了英國公司和與英國公司有關聯的外國公司在英國國內和國外的賄賂行為。此外，美國的《反海外腐敗法》並不禁止疏通費(或稱「加急費」，為了在獲得合同後加速處理手續上的繁文縟節)，英國的《反賄賂法案》則將其列為非法。各國可以通過允許引渡在減少腐敗方面彼此互助。遺憾的是，許多國家不允許本國公民被引渡到其他國家，即使後者能提供犯罪證據。這正合腐敗的官員和企業主管的心意。

另一種可能性是，各國制定法律禁止其銀行接受可疑的境外存款，或者至少要求銀行將可疑存款告知當局。「九一一事件」之後，21世紀初的前十年中，要求國家通過此類法律的壓力陡增，因為很明顯，恐怖分子往往能夠通過銀行避風港洗錢。儘管存在這些壓力，部分國家仍然允許開展某些銀行業務，這些業務在金融行動特別工作組(FATF, 見第七章)看來有利於洗錢活動。截至2014年2月，位於這份國家名單前列的是伊朗和朝鮮，而在過去被視為銀行避風港和稅收避風港的國家，如開曼群島和瑙魯，現在已經脫離了特別工作組的黑名單。至少就銀行業來說，能讓腐敗官員洗錢的地方已經越來越少。

然而，在對銀行部門的監控上，許多國家可以有更多作為；自2009年起開始發佈的金融隱秘指數(FSI)就表明了這一點。這並不表示各國內部的腐敗程度得到了評估，但確實提供了一個途徑來觀察國家在腐敗問題上如何成為同謀。

從表10中能夠明顯看出的一點是，幾乎所有最隱秘的司法管轄區人口都很少。從中無法看出的一點是，在2013年評估的82個管轄區中被評為銀行操作最為透明的兩個國家是丹麥和瑞典，得分分別為33和32；英國的得分是40。斯堪的納維亞國家的得分不足為奇，值得注意的是，在我們所考察的其他評估項目

表10 在金融監管、國際合作、反洗錢合規性方面最隱秘的
　　　司法管轄區(基於2013年金融隱秘指數，總分為100分)

排名	司法管轄區	隱秘性得分
1	薩摩亞	88
2	瓦努阿圖	87
3	塞舌爾	85
4=	聖盧西亞	84
4=	文萊達魯薩蘭國	84
6	利比里亞	83
7	馬紹爾群島	82
8	巴巴多斯	81
9=	安提瓜和巴布達	80
9=	巴哈馬	80
9=	伯利茲	80
9=	百慕大	80
9=	馬來西亞	80
9=	毛里求斯	80
9=	聖馬力諾	80
9=	聖基茨和尼維斯	80

中，銀行系統相對透明的另兩個國家是西班牙和意大
利(得分分別為36和39)。

　　有人會說表10具有誤導性，因為它根據財政透明
度來給司法管轄區排名。發佈金融隱秘指數的稅收正
義聯盟卻寧願主要根據金融隱秘程度的值來給各國和

各地區排名；這不是在金錢方面簡單地計算，而是基於一套複雜的數學公式，我們不必深究。但是使用這種方法時，排名最前的(最不透明的)10個國家和地區看起來非常不同(表11)；幾個主要發達國家和地區顯然需要解決稅收避風港和銀行避風港的問題。

在第一章中，我們考察了區分禮物和賄賂的問題，並且提出，各種文化對這些問題的解釋截然不同。在此領域，各國需要更好地瞭解彼此的觀點和傳統。令人欣慰的是，各國越來越傾向於從數量上來區分禮物和賄賂，雖然還不是從性質上。越來越多的政府現在承認，它們的官員如果拒絕其他國家和文化中的官員提供的真正屬於禮品的東西，就可能是一種冒犯，於是便出現了折中的態度。這種態度規定了禮物價值的上限，通常是100到150美元之間。當然，總有一種風險存在：有人今天贈送150美元，且連續多月每天贈送150美元，這樣一來禮物就等同於賄賂；因此，法律允許贈送禮物這一說法需要補充措辭，禁止規避禮品和賄賂之間的區別。

各國在反腐方面以間接方式彼此互助的最後一個途徑，是樹立良好的榜樣。如果發達國家因腐敗問題批評轉型國家和發展中國家，則它們必須盡一切可能確保自家後院海晏河清；五十步笑百步無助於在全球範圍內減少腐敗。

打擊腐敗的一個關鍵因素是政治意願。遺憾的

表11 2013年金融隱秘指數(透明度最低的十個司法管轄區)

排名	司法管轄區)
1	瑞士
2	盧森堡
3	香港
4	開曼群島
5	新加坡
6	美國
7	黎巴嫩
8	德國
9	澤西島
10	日本

是,太多情形下這種意願似乎並不存在。不過,越來越多的國家現在顯示了必要的政治意願,例如表態將懲罰腐敗官員,不論他們現在或曾經職務有多高。僅2012至2014年,喀麥隆、克羅地亞、埃及、以色列、斯洛文尼亞、羅馬尼亞等國的前總理就因腐敗而被判處監禁。

然而,一些政府仍在發出混合信息。儘管習近平領導下的中國一直在認真努力減少國家的腐敗,但四名中國反腐敗活動人士於2014年4月因公開主張要求國家官員申報資產而被判處兩年至三年半的監禁。認為

自己是唯一可以在打擊腐敗方面發揮作用的代理人的政府被嚴重誤導了。

1990年，哈佛大學政治學家約瑟夫·奈發明「軟實力」一詞，用來指通過更多的對話和更少的強制或武力(硬實力)來改善國際關係的可行性。在21世紀初，他認為美國應該在與其他國家的關係中實行「智慧權力」政策，意思是將硬實力和軟實力結合起來。在打擊腐敗方面，我們也需要「智慧反腐」，即大棒、胡蘿蔔和其他方法的結合。由於文化各異，政治和經濟制度的類型以及現有資源的狀況也不相同，各國適用的組合將有所不同；採用一刀切的方法不僅不會奏效，還可能使那些深感受到不公平脅迫的國家疏離於外，從而適得其反。本章對反腐方法的分析遠未窮盡，這些方法卻清楚表明，只要有足夠的政治意願和能力，反腐工作大有可為。

第七章
還能做些什麼？

　　國家只是許多能在遏制腐敗方面發揮作用的行為者之一。在最後一章中，我們將考察國際組織、商業企業和民間社會可以做些什麼，隨後再評估反腐的總體努力。

國際組織

　　如上所述，只是在過去20年左右的時間裏，國際社會才將注意力集中在腐敗問題上。一個原因是，西方雖然自1990年代以來一直是推動反腐的主要力量，在冷戰期間對推動國際反腐議程卻沒有什麼興趣。特別是美國，它並不希望由於批評盟國的腐敗而讓對方感到不安；美國也不想批評發展中國家，這樣可能把它們推向蘇聯陣營。但一旦冷戰結束，便不再需要遮遮掩掩了。1990年代初，美國開始大聲地抱怨，其企業公司的海外業務正被其他發達國家的公司奪走，這些國家都沒有任何與《反海外腐敗法》類似的立法(見第六章)。簡言之，美國人想要在國際商業領域有更公平的競爭環境。

正是在此背景下，經濟合作與發展組織的《國際商業交易中賄賂的應對建議》於1994年發佈了，在許多人看來這是國際組織做出的首次重要嘗試。但如其名稱所示，這只是一套建議；畢竟，美國人也沒有頻繁祭出《反海外腐敗法》。

到1990年代末，部分由於透明國際的影響日益擴大，以及世界銀行在1995年任命詹姆斯·沃爾芬森擔任行長後開始認真應對腐敗，國際社會越來越意識到腐敗是一個嚴重問題。經合組織提出的建議受到更多重視，以反腐公約的形式於1997年通過，並於1999年生效。該公約確立了「具有法律約束力的標準」：批准公約的國家必須通過或修改國內立法來與該公約保持一致。

經合組織公約的一個具體效果是，包括澳大利亞、德國和荷蘭在內的多個發達國家，不得不停止為國內公司向海外支付的商業賄賂減免稅收。所有34個經合組織成員國加上另外七個國家(阿根廷、巴西、保加利亞、哥倫比亞、拉脫維亞、俄羅斯和南非)現在都加入了該公約，自1999年以來公約已經多次加強，特別是在2009年和2011年。經合組織自稱公約是「第一個也是唯一一個着力於賄賂交易『供給側』的國際反腐工具」——意思是説它關注的是商界在提供或支付賄賂方面的不當行為，而不是受賄或索賄的官員。

金融行動特別工作組(FATF)與經合組織密切相關。該工作組是在包括幾個經濟大國在內的七國集團

的倡議下於1989年設立的，以打擊洗錢為宗旨。

最初，它的打擊重點是有組織犯罪。主要在「九一一事件」的推動下，其關注領域很快擴大到恐怖主義，隨後又涵蓋腐敗領域。從2010年開始，該工作組與20國集團反腐工作組就如何最有效地打擊與腐敗相關的洗錢活動密切合作，自此以後，其反腐力度得到加強。2011年以來，金融行動特別工作組已經發佈了多份這方面的報告。

經合組織公約僅適用於世界上約五分之一的國家和地區，但這些國家和地區分佈在全球各地。此外，自1990年代中期以來，已經通過了若干區域性反腐公約。第一個是1996年美洲國家組織35個成員國通過的《美洲反腐敗公約》。時間更近的2003年，非洲聯盟53個成員國通過了它們的《防止和打擊腐敗公約》（2006年生效）。

一般認為歐盟從1995年開始重視腐敗問題，1997年制定了一項針對歐盟官員及其成員國官員的反腐公約。其後是2003年的《全面反腐敗政策》。此外歐盟還施加了有針對性的「條件限制」。例如，在1997年公佈擴充成員國的路線圖（2000年議程）時，針對每個申請成為成員國的後共產主義國家，歐盟對其必須滿足的條件進行了個別分析。十項個別分析中每一項的「政治標準」部分規定的唯一問題，都是需要加強對腐敗的打擊。

另一個歐洲機構，即規模更大的歐洲委員會(成員國有47個，包括白俄羅斯和梵蒂岡之外的所有歐洲國家)，在1990年代末和21世紀初通過了一些以反腐為目標的公約和其他文件。第一份是1997年的《關於反腐敗的二十項指導原則》，1999年又頒布了針對腐敗的刑法和民法兩項公約；前者在2003年得到加強(2005年生效)。歐洲委員會還就公職人員行為守則(2000)和政治籌款(2003)提出了建議。

歐洲委員會對成員國約束力有限，但該委員會為監督各國對其反腐文件的執行情況而於1999年設立的機構——反腐敗國家聯合會(GRECO)——卻小有成就。2012年，該聯合會開始分析腐敗的性別維度，包括腐敗對男性和女性的不同影響，受到反腐人員越來越多的重視。

最後，歐洲委員會(有時與歐盟一起)已經針對特定國家和地區實施了若干反腐計劃。這些項目包括1990年代後期的「章魚」計劃、俄羅斯的RUCOLA(2006–2007)和PRECOP(2013–2015)計劃，以及摩洛哥和突尼斯的SNAC——南方計劃(2012–2014)；其中一些計劃表明，歐洲委員會的活動範圍有時會越出歐洲以外。

在所有反腐公約中，得到最多國家認可的是《聯合國反腐敗公約》(UNCAC)。該公約於2003年底開放供簽署，2005年12月生效，是一份相對較新的文件；

到2014年4月，《聯合國反腐敗公約》已有140個簽署國和171個締約國。公約被聯合國自稱為世界上第一份具有法律約束力的反腐文件(如之前提到的，經合組織公約只有41個簽署國)，並被一些人視為反腐文件的「黃金標準」，儘管其中並未對腐敗給出實際定義。

國際執法機構也在打擊腐敗方面發揮着作用。作為其中主要的一個，國際刑警組織有自己的專家組——國際刑警組織腐敗問題專家組(IGEC)，在刑警組織於1998年舉行第一次反腐會議後不久成立。該專家組已經制定了一套「全球標準」，特別針對減少警察隊伍的腐敗。國際刑警組織將其主要的反腐角色之一定位為資產追回，即將被盜資產返還給受害國。近年來，它一直緊盯體育領域的腐敗，比如打假球現象。

到目前為止，我們關注的重點主要是預防性和懲罰性的方法。其實，國際組織也可以發揮激勵作用。例如，對荷蘭採取的打擊國會議員和法官腐敗的做法，歐洲委員會就於2013年表示了稱許。

多數國際組織近年來都提出了減少腐敗的政策和措施，世界貿易組織則被批評在這方面做得太少。世貿組織成立於1995年，於1996年開始考慮在公共採購領域減少腐敗的方法；但外界評論人士過去一直聲稱，世貿組織沒有取得什麼進展。尤其是，透明國際負責人彼得·艾根於2003年發表了一篇文章，公開批評世貿組織在打擊採購腐敗方面止步不前。世貿組織

於2014年生效的《政府採購協定(修訂版)》提及了腐敗，但只是浮光掠影，基本上是象徵性的。

國際商會也鼓勵世貿組織採取更強硬的立場，敦促其將腐敗列為被禁止的非關稅壁壘之一，不過世貿組織並未這麼做。學者帕蒂德·阿萊認為，世貿組織強調國際貿易要更為透明，這有助於反腐鬥爭；菲利普·M.尼科爾斯則正確地指出，世貿組織原則上比多數國際組織在打擊國際貿易中的腐敗方面處於更有利地位。

話雖如此，如果潛力沒有發揮出來，這一點就沒有什麼意義。世貿組織所採取的「由成員驅動」來協商一致的做法，使它在腐敗等許多重要問題上不過是只紙老虎。

銀行與跨國公司

馬克斯·韋伯在20世紀初認為，對國家官僚機構的最好制衡，包括遏制腐敗，是存在一個獨立於國家的強大的商業階層。遺憾的是，許多國家都政商交織，難分難解，這對遏制腐敗來說可不是好兆頭。但是原則上，銀行和企業都可以在打擊腐敗方面發揮重要作用。

許多人認為，國際貨幣基金組織和世界銀行這兩家國際金融機構履行着基本類似的職能，事實並非如

此。在反腐領域，世界銀行比國際貨幣基金組織活躍得多。後者由於強調善治而鼓勵透明，但其在腐敗方面的實際重點主要是打擊洗錢。自1990年代中期以來，世界銀行則一直致力於通過若干途徑減少腐敗。本書第三章考察了其確定和衡量腐敗的創新方法；自1999年以來，世界銀行也一直禁止(即列入黑名單)在國際貿易中做出各種不端行為(包括規避制裁和行事腐敗)的公司和個人。自2011年以來，世界銀行通過與亞洲開發銀行、歐洲復興開發銀行和美洲開發銀行將黑名單聯網，加強了這種禁止措施的威懾力。

世界銀行和貨幣基金組織採取的最有爭議的做法之一，是取消或暫停向腐敗國家發放貸款。1997年，兩家機構就曾因此而暫停向肯尼亞發放貸款。

更近的一個例子是，由於一家加拿大工程公司涉嫌腐蝕孟加拉國官員，世界銀行於2012年取消了向孟加拉國提供的12億美元貸款，這筆貸款原本會用於該國一條最長橋樑的建設。

與其他國際組織一樣，世界銀行在批評之外有時也會發出贊許。例如，2002年它就曾祝賀羅馬尼亞為減少司法部門的腐敗所取得的成效(儘管歐盟後來批評羅馬尼亞在打擊法官腐敗方面還是做得太少)。

批評之下，許多私人銀行已採取措施打擊洗錢，這可能會對高層次腐敗影響尤甚。2000年，11家主要銀行聯手創立了沃爾夫斯堡集團，制定了一套反洗錢

原則。該集團此後還繼續制定原則和指導方針，其中許多都涉及銀行業的各個方面(例如代理銀行業務和受益所有權)，這些方面是打擊洗錢活動的重要內容；只是，就本書的導論性質來說，其專業性太強了。

已經有人注意到，許多人現在把企業公司也納入可能腐敗(以區別於實際的腐敗主體)的範疇。無論是採用這種寬泛的腐敗定義，還是採用以國家官員為重點的狹義界定，毫無疑問，私人企業是全球腐敗的一個主要角色。西方媒體自新千年開始以來已經大顯身手，詳細報道了澳大利亞小麥局(總部設在澳大利亞)、SNC蘭萬靈集團(總部設在加拿大)和其他許多公司的不端行為，但私人企業能夠採取和確實採取的反腐行動卻難入其法眼。事實上，存在着很多可能性。

近年來，由於一些國家的腐敗狀況，少數公司或者威脅撤出，或者實際上已經從這些國家撤出。俄羅斯的宜家家居就是前一種情況，而由於保加利亞國內的腐敗，Unilever於1997年退出了該國(退出約三年時間)。

近年來，許多私人公司至少象徵性地(在某些情況下也是出於真正的關切)通過了「道德守則」，以此表明它們致力於使員工進一步認識到商業關係中誠信的重要。這些守則通常強調賄賂是完全不可接受的。作為一家被曝在過往完全無視道德的跨國公司，西門子的高級管理層自2008年起引入了一項大型合規計劃，現在西門子被視為公司洗心革面的典範。

最早自1990年代初以來，越來越多的公司不僅在財務業績這一傳統的「底線」上，而且在社會和環保成就方面提交了年度報告。例如，它們可能贊助了奧運會運動員並減少了運動員們的二氧化碳排放量。這種三重底線——也稱為3P方法，即「人、地球和利潤」(people, planet, and profit)——通常被稱為「可持續性報告」。近年來，一直有人在推動增設第四條底線，即治理，其中包括報告公司為減少賄賂和腐敗行為作了哪些努力。這種「四重底線」的倡導者認為，報告第四條底線對公司來說是有好處的，會提高公司聲譽。這方面的證據有些雜亂，但一些人斷言，聲譽不佳的公司將失去市場份額。無論該說法正確與否，許多公司在做出重要決定時的確會考慮「聲譽風險」。

公民社會：國內和國際

公民社會的概念可以追溯到亞里士多德，但直到18世紀才成為社會科學研究中的重要概念。

從此以後這個詞面目模糊，對其確切意思至今仍然存在分歧。由於已經考慮了商業企業的作用，為適應本書主題，我們所分析的公民社會的其他主要組成部分將包括大眾媒體、非政府組織和社交媒體。

在運行良好的民主制度中，紙媒和網絡媒體都可以在打擊腐敗方面發揮重要作用。它們可以調查指控

並公佈結果，直接和間接地向當局施壓，讓當局深入追究。遺憾的是，許多國家的大眾傳媒不享有本該擁有的自主權。在描述媒體可以承擔的多種角色和具有的多重性質時，羅德尼·蒂芬以犬類譬喻，將它們分為五個可能的類別：看門狗（媒體的理想角色）、戴口罩的看門狗（媒體受到嚴格限制，約束不僅來自審查制度，還來自誹謗法，這些法律嚴重偏向被媒體曝出不端行為的人的利益）、寵物狗（媒體甘受政治精英操縱）、狂吠的獵狗（媒體發出很多噪聲，經常互相抄襲，但既沒有妥當調查案件，也沒有發揮建設性作用）和狼（最危險的類型，媒體對指控的調查漫不經心，公佈時罔顧責任，從而增強公眾憤世嫉俗的情緒並削弱體制的合法性）。

從蒂芬的分類中可以清楚地看出，媒體在打擊腐敗方面發揮的作用可能有限，甚至是消極的。後者的一個例子，同時也是「戴口罩的看門狗」的一個例子是，俄羅斯在2013年通過了一項法律，禁止媒體公佈高級官員家庭成員私人資產的詳情。有人指控，莫斯科政治精英中有人以家庭成員（包括兒童）的名義不正當地登記財產，以便隱藏自己的部分財富；無論真相如何，任何設法調查和公佈結果的媒體都有可能面臨訴訟。

NGO（非政府組織）一詞早在1945年便第一次出現，但這個首字母縮略詞自1970年代以來才開始普及，自1990年代起則變得越來越為人熟知。非政府組

織有許多類型，我們將只考察致力於打擊腐敗的那一類，其中既有國內的也有國際的。

最著名的國際反腐敗非政府組織是設在柏林的透明國際，它是全球組織，但在許多國家有地方分支機構（「國家分支機構」）。其幕後籌劃者彼得・艾根，此前一直維持着世界銀行在東非的運行，對腐敗的地方精英們將本該用來幫助窮人的國際資助據為己有日益憤怒。於是，艾根於1993年創立透明國際，從那時起擔任該組織的主席直到2005年。

除了前面章節中討論的各種腐敗指標，透明國際還提供了實用的「工具包」。透明國際深知在各種文化和機構中打擊腐敗的「一刀切」做法是不恰當的，於是明智地為想要反腐的人和組織確立和解讀了各種方法（工具），供其根據自身的需要和情況取用。

透明國際提出的另一個倡議，是自1990年代以來在公共採購中推廣「誠信契約」。用透明國際自己的話來說，誠信契約「本質上是發包的政府機構和競標的公司之間的一份協議，雙方同意在合同範圍內避免賄賂、串通和其他腐敗行為」；這種契約納入了一種監督體制，非政府組織（通常是當地的透明國際分支機構）將依此設法檢驗簽署國在實踐中遵守誠信契約的程度。

另一個國際非政府組織是U4反腐敗資源中心，成立於2002年，總部設在挪威卑爾根。該組織與透明國際的工作重點略有不同：它主要幫助（主要是歐洲的）

圖6　肯尼亞的反腐意見箱：打擊腐敗也有技術含量不高的方法

捐助組織減少與其發展援助計劃相關的腐敗。除此以外，它還與透明國際緊密合作，後者在柏林總部維持着U4的諮詢服務。其他非政府組織以及國際性非政府組織聯盟包括全球見證組織和全球誠信組織。

世界上多數國家也有許多單個的國內反腐敗非政

府組織。其中，來自100多個國家的350多個組織通過《聯合國反腐敗公約》聯盟相互關聯起來。該聯盟成立於2006年，負責協調各種非政府組織的工作，並分享最佳實踐經驗。另一個全球網絡是「發佈付費內容」組織，在全球擁有800多個民間社會組織成員，其關注重點是採掘業的腐敗和其他玩忽職守行為。

到目前為止，我們關注的重點都是有正式組織的機構，這些機構將反腐作為其首要或主要目標。但有時，比這些機構更強大的是一般公眾。普通公民打擊腐敗的一種簡單方法是報告已知或疑似的案件，或者僅僅是提出打擊腐敗的建議；這通常有一定的技術要求，例如要用到電話或電腦，但並非總有技術門檻（見圖6）。另一種方法是公眾成員拒絕行賄。遺憾的是，這一點有時說起來容易做起來難：如果自己或家人為了保命而獲得醫治的唯一方法，是向本該提供免費治療的醫生行賄，那麼情有可原的是，許多人都會這麼做。

此外，還有其他方式可以使公眾發揮重要作用。社交媒體在各種領域，包括反腐方面，正變得越來越重要。在俄羅斯，關於腐敗問題（特別是公共採購方面）最著名的博客作者是亞歷山大·納瓦爾尼。納瓦爾尼的批評性博文引起了無數俄羅斯人的共鳴，他本人曾被視為2018年俄羅斯總統的熱門人選。在全球層面，臉書網站現在有一項功能，叫「說出腐敗政治家和公務員的名字並羞辱他們」。

圖7　在全球許多地區，針對腐敗的公眾抗議越來越常見

在2012年所寫的腐敗主題的著作中，弗蘭克·沃格爾強調了推特的作用，認為這是經歷了所謂「阿拉伯之春」的一些國家政治意識得以提高的主要因素，也可能是打擊腐敗的強大武器。毫無疑問，推特可以迅速動員起數千人抗議各種形式的不公正，包括腐敗；推特在近年來發揮了作用，推動多國公民參加針對腐敗的大規模抗議活動，包括阿根廷、巴西、保加利亞、印度、泰國、土耳其、烏克蘭、美國和許多其他國家（圖7）。一些大規模示威促使政權崩潰，另一些則招致了嚴厲的鎮壓。不過在後一種情況下，政權通常降低了自己的合法性，使其最終的覆滅更為可期。

對反腐的批評

從本章可以清楚地看出，國際上對腐敗的關注只有20年左右的歷史。20年間，反腐運動幾乎呈指數級增長。然而，這種發展趨勢招致了一些人的批評，主要有兩個原因。

首先，有些人指責國際反腐運動（至少是其中的一部分）為「文化帝國主義」。毫無疑問，運動的一些方面咄咄逼人，干涉了國家主權。但應當承認，這樣做往往是由於該國印象腐敗程度高，許多公民義憤填膺同時又感到無能為力。調查顯示，一般公眾往往感謝外部機構向國內精英施壓、讓其腐敗行為收斂，尤其是在困難人群能由此得到外部援助的情況下。

第二，越來越多的批評者（其中多數是學者）聲稱，反腐鬥爭的結果是出現了一個反腐「行業」，它有了既得利益，有動力在反腐領域創造盡可能多的新崗位，使腐敗狀況看起來盡可能地嚴重。批評者認為，反腐敗非政府組織和國家資助的反腐機構如果在減少腐敗方面極為成功，就會面臨鳥盡弓藏的局面，從而失去資金甚至遭到解散。從某種意義上說，反腐行業正面臨着自身腐敗的指責。

這種說法無疑有些道理，卻並非無可指摘。例如，只有認定腐敗已經最終根除，或者更務實地說，已經永久地減少到「可控」水平，說反腐機構多餘

才能成立。在現實世界中，腐敗不斷改頭換面捲土重來，解散為反腐而設立的機構可能會導致其不斷以新的形式再生。

在批評反腐行業時，真正的危險是因噎廢食。確保反腐機構高效、負責和透明至關重要，但是絕不能忘記腐敗所具有的許多消極的、有時甚至是致命的影響。太多的分析人士發出尖銳的批評，卻幾乎沒有提出任何積極的建議來解決這個極為現實的問題。

哪些方法奏效？

在本章和前一章中考察了許多打擊腐敗的方法之後，我們現在來解決就許多方面來說最為重要的問題：哪些方法是最有效的？遺憾的是，之前概述的每種方法都有缺點；由於篇幅限制，在分析這些方法時不得不有所取捨：這裏將集中討論國際努力的有效性，畢竟上一章已經評估了幾種國內方法。那些數量繁多的公約等有沒有什麼顯著效果，還是說它們實際上只是無用的虛文？

儘管歐盟和歐洲委員會有各種針對性的方案，腐敗在大多數後共產主義國家仍然是一個嚴重問題。此外，2014年發表的第一份歐盟誠信體系報告明確指出，由於法規漏洞和道德政策執行不力，歐盟所屬機構仍然容易受到腐敗的影響。

根據2013年關於經合組織反賄賂公約執行情況的官方報告，「簽署公約的40個國家中，有30個國家考慮到自身龐大的出口總額，幾乎不會調查和起訴境外賄賂」——真是令人沮喪的結果。日本已批准該公約，但在多個場合都由於在現實中少有作為而受到批評。英國由於在2010年立法中嚴格反對公司賄賂而受到讚揚，但之前也曾被指在執行經合組織公約方面無甚作為。

　　此外，還存在倒退的危險。在引入經合組織公約後的第一個十年裏，美國和德國證明自己是出色的好公民(到2013年英國和瑞士也有同樣表現)，利用基於公約的法律起訴了數量眾多的國內公司。但是，正如透明國際在對經合組織公約執行情況的年度評估中經常指出的，如果美國和德國這樣的「好公民」看到其他國家在履行公約承諾方面無所作為，它們遲早肯定會自問，對自己的國內公司加以懲罰，從而把業務拱手讓給對公約口惠而實不至的那些國家的公司，這樣做是否公平。如果答案是否定的，它們或許將不會再做模範公民。

　　就《聯合國反腐敗公約》而言，直到最近才有監督程序，即從2010年才開始有「第一個五年審查週期」；這項工作要到2015年才能完成，現在斷言其成功還為時過早。[*]但是，一想到《聯合國反腐敗公約》

---

[*]　　本書英文版出版於2015年，實際完稿時間略早於此。

自2005年即開始生效，人們必定會質疑，為什麼評估其效力需要如此長的時間。而且，世界上一些貿易大國，特別是德國和日本，尚未批准《聯合國反腐敗公約》。該公約的效力到底有多大？理論上，已經批准公約的國家若不遵守，可以被訴至法院(聯合國國際法院)；而在現實中，國際法院基本上沒有執法權。

再來看看世界銀行所付出的大量努力：事實已經表明，其跟蹤調查能夠大大減少腐敗。但是，世界銀行過去面臨的一大批評是，它的那項嚴厲政策，即一發現重大腐敗就取消援助項目，傷害了最需要幫助的人。另一個問題是，其禁止名單的對象主要為個人和小公司；似乎強勢跨國公司的不端行為一般能夠逃脫處罰，相對弱勢的公司和個人卻做不到。2011年對世界銀行反腐工作進行了一項內部審查，報告表明情況是複雜的。雖然在許多國家加強反腐機構取得了一些成功，但報告發現，世界銀行遠遠沒有實現其反腐目標。

所有這些令人失望的事實是否意味着，1990年代以來的反腐鬥爭本質上是在浪費時間和精力？腐敗研究領域肯定有一些「大腕」會有類似的主張。曾在世界銀行負責腐敗和治理問題分析工作的丹尼爾·考夫曼在2005年總結稱，十年的全球反腐努力乏善可陳；2009年，他又聲稱為反腐做出的努力「不溫不火」。在介紹2013年腐敗印象指數時，透明國際主席於蓋特·拉貝勒指出：「2013年腐敗印象指數表明，所有

國家在各級政府中仍然面臨着腐敗的威脅，從頒發地方許可證到執行法律法規都是如此」；根據該指數，近70%的國家得分低於50（範圍為0-100分），意味着它們的腐敗較為嚴重。

儘管存在這些令人沮喪的結果和批評，仍有部分跡象令人鼓舞。在2014年的一本書中，邁克爾·約翰斯頓指出：

> 他們——也是我們——仍在尋找在各種社會中遏制腐敗的方法，這一事實並不意味着努力的失敗：畢竟，在一代人之前腐敗甚至還沒有得到廣泛討論……今天，這種意識的提高本身就是一個重大成就。

此外，U4（在其網站上）聲稱「在反腐方面很少有證據表明哪些做法有效、為什麼有效」的確有幾分道理，但比較分析已經揭示了部分指導原則，不論在哪裏，反腐工作要想取得進展，就應該堅持這些原則。最明顯的經驗之一是，到底是「眾人拾柴火焰高」還是「三個和尚沒水吃」，這個問題現在有了答案。正如喬·奎指出的，新加坡和香港在打擊腐敗方面取得的成功，在很大程度上與它們都擁有單一、強大、獨立的反腐機構這一事實有關。在機構繁多的情況下，其職責往往重疊交叉甚至相互衝突，於是導致協調和

推諉的難題；通常情況下，還會存在極端低效和資源浪費的情形。

許多分析人士認為，反腐措施最終成功與否取決於政治意願。這一點就其本身來說是有說服力的，但需要進一步剖析和展開。例如，我們討論的是誰的意願？許多文化和語言中都有「上梁不正下梁歪」的說法，意思是說如果政治精英不能以身作則，腐敗就會更甚。從這個意義上說，領導層的意願似乎極為重要。不過，重要的並不僅僅是他們的意願。領導層有可能一方面真正致力於打擊腐敗，同時又對自己下屬的官僚機構沒有足夠的掌控，從而無法將這一意向變為現實。此外，在新自由主義主導的全球化世界中，政治領導人控制跨國公司的力量也是有限的。

因此，對於政治意願我們現在可以在觀點上作一些修正。政治領導人不僅必須真正投入，即具有打擊腐敗的政治意願，還必須有能力貫徹其意願。此外，涉及的眾多方面，包括國家官員、公司企業、國際組織、民間社會和公眾中的個體成員，也需要有打擊腐敗的意願。這些行動者中的每一個所扮演的角色重要性各不相同，國與國之間也有不同。然而，每一個都不可或缺。

在第六章中我們曾指出，腐敗是一個邪惡的問題。它永遠不會完全消失：正如塔西佗在數個世紀前所說的，立法者只要制定新的法律來打擊欺詐和腐

敗，狡猾的人幾乎立即就會找出辦法來規避它們。但是，與某些國家相比，在另一些國家腐敗似乎遠不是一個問題：例如，那些民主傳統強大、法治觀念牢固、社會信任發達、民間社會成熟的富裕小國顯然腐敗較少，説明腐敗能夠降低到可控水平。

不過，短期前景並不光明。法治和充滿活力的民間社會都與運行良好的民主國家有關。世界正義工程的2014年法治指數表明，該年度腐敗情況比上一年略有改善，但《經濟學人》智庫的民主指數（目前可能是世界上整體民主水平最權威的指南，自2007年來幾乎每年發佈一次）為2011年和2012年寫下的兩個副標題，分別是「壓力下的民主」和「停滯的民主」。此外，基本上沒有道德考量的新自由主義意識形態（強調目的重於手段並模糊國家和市場的界限）仍然支配着全球經濟，這可不是什麼好兆頭；不過，科林·克勞奇等學者倒是懷着希望，期待全球金融危機能改變這種狀況。反腐之戰，任重道遠。

譯名對照表

Abacha, Sani 薩尼·阿巴查

abuse of office 濫用職權

Afghanistan 阿富汗

Africa 非洲

  East 東非

  South 南非

African Union 非洲聯盟

aid 援助

Ala'I, Padideh 帕蒂德·阿萊

Alatas, Syed 賽義德·阿拉塔斯

America, Latin 拉丁美洲

Amnesty 大赦

Angola 安哥拉

anti-corruption 反腐

  agencies 機構

  criticisms of 受到的批評

  effectiveness 效果

  industry 行業

  'smart' 「智慧的」

Anti-Corruption Working Group 反腐工作組

Antigua and Barbuda 安提瓜和巴布達

apples, rotten 害群之馬

Arab Spring 阿拉伯之春

Argentina 阿根廷

Aristotle 亞里士多德

Asia 亞洲

  East 東亞

Asian Development Bank 亞洲開發銀行

asset 資產

  recovery 追回

  stripping 奪取

auditing 審計

Australia 澳大利亞

  corruption level 腐敗程度

AWB 澳大利亞小麥局

BB 公司對公司業務參見business-to-business

BAE 英國航太公司

Bahamas 巴哈馬

ballot-rigging 操縱投票

Bangladesh 孟加拉國

banking, offshore 海外銀行業務

banks 銀行

  參見World Bank

Barbados 巴巴多斯

Bataan nuclear power plant 巴丹核電廠

Becker, Howard 霍華德·貝克

Belgium 比利時

Belize 伯利茲

Berlusconi, Silvio 西爾維奧·貝魯斯科尼

Bermuda 百慕大

BICC 英國絕緣電纜公司

blacklisting 拉入黑名單

  參見 debarment

Blair, Tony 貝理雅

blat 布拉特

'borderless world'「無國界世界」

Botswana 博茨瓦納

bottom lining 底線

    quadruple 四重

    triple 三重

brain drain 人力資本外逃

Braithwaite, John 約翰・布雷思韋特

Brazil 巴西

Bribe Payers Index 行賄者指數

bribery 賄賂

Bribery Act (UK)《反賄賂法案》
    （英國）

Brunei Darussalam 文萊達魯薩蘭國

Bulgaria 保加利亞

Burma 緬甸　參見 Myanmar

Burundi 布隆迪

Business Environment and Enterprise
    Performance Survey 商業環境與
    企業業績調查

business-to-business 公司對公司業務

Cambodia 柬埔寨

Cameroon 喀麥隆

Canada 加拿大

    corruption level 腐敗程度

capital flight 資本外逃

case statistical analysis 案例統計分析

Catholicism 天主教會

Cayman Islands 開曼群島

Chad 乍得

charities 慈善

Chile 智利

Chirac, Jacques 雅克・希拉克

Christian Democratic Union 基督教
    民主聯盟

civil society 公民社會/民間社會

clientelism 庇護關係

codes of ethics 道德準則

Collins, Phil 菲爾・科林斯

collusion 勾結

Colombia 哥倫比亞

commissions 委員會

    Fitzgerald 菲茨傑拉德

    Knapp 納普

    Mollen 莫倫

    Wood 伍德

Congo, Democratic Republic of 剛果
    （金）

content analysis 內容分析

corporations role in fighting corruption
    公司的反腐角色

Corrupt Practices Investigation Bureau
    貪污調查局

corruption 腐敗

  active 積極的

  administrative 行政的

  Asiatic 亞洲式的

  and authoritarianism 與威權主義

  benefis of 的好處

  black 黑色的

  broad approach to 廣義的

  bureaucratic 官僚的

  campaigns 競選

  causes 原因

  classifiations 分類

  and cold war 與冷戰

  and colonialism 與殖民主義

  and correlations 與相互關聯性

  criteria for identifying 判定腐敗的
    標準

cultural explanations of 的文化解釋

culture of 的文化

defiitions 定義

and democracy 與民主

and dictatorship 與專制政體

economic 經濟的

elite 精英

and environment 與環境

eruption 井噴

experiments 試驗

extortive 勒索的

formula 公式

functional approach to 的功能性觀點

and gdp 與國內生產總值

and gender 與性別

and globalization 與全球化

and governance 與治理

grand 大型的

grass-eating 食草型的

gray 灰色的

and growth rates 與增長率

and hierarchy 與等級制度

high level 高層級的

holistic approach to 的整體性觀點

impact 衝擊

and inequality 與不平等

and insecurity 與不安全

international impact of 的國際影響

and investment 與投資

judicial 司法的

and legal system 與法律體系

and legislative situation 與立法狀況

low level 低層級的

market-centred 以市場為中心的

measurement of 的衡量

measures against 反腐措施

meat-eating 食肉型的

and military 與軍事

modern 現代的

narrow approach to 狹義的

optimal amount 理想數量

and outsourcing 與外包

parliamentary 國會的

passive 被動的

petty 小型的

police 警察

and political capacity 與政治能力

and political will 與政治意願

and population size 與人口規模

and post-colonialism 與後殖民主義

and poverty 與貧困

and privatization 與私有化

proactive 主動的

and protectionism 與保護主義

public-interest-centred 公共利益取向的

public-office-centred 公職取向的

reactive 被動的

and religion 與宗教

reporting of 的報道

and rewards 與回報

and role of public 與公眾的角色

and rule of law 與法治

and salaries 與薪酬

and security 與安全

and size of state apparatus 與國家機器的規模

social 社會的

social construction of 的社會建構

in sport 體育領域的

and stability 與穩定

and state functionality 與國家職能

and state involvement in economy 與國家對經濟的干涉

statistics 統計

tax 稅收

and technology 與技術

and totalitarianism 與極權主義

traditional 傳統的

transactive 交易性的

and trust 與信任

typologies 分類方式

參見 corruption, classifications

western 西方的

white 白色的

Corruption Perceptions Index 腐敗印象指數

Correlations with 相互關聯

Corsianos, Marilyn 瑪麗蓮 · 科爾西亞諾斯

Council of Europe 歐洲委員會

CPI 腐敗印象指數

參見 Corruption Perceptions Index

crime 犯罪

corprorate 公司的

參見 business-to-business; misconduct, corporate

economic 經濟的

organized 有組織的

white collar 白領

Croatia 克羅地亞

cronyism 任用親信

Crouch, Colin 科林 · 克勞奇

'crying wolf' syndrome 「狼來了」綜合徵

'cultural imperialism' 「文化帝國主義」

culture 文化

Cunningham, Lord Jack 傑克 · 坎寧安勳爵

Czechia 捷克

death penalty 死刑

debarment 禁止

delegitimation 使失去合法性

Democracy Index 民主指數

Denmark 丹麥

corruption level 腐敗程度

Directorate on Corruption and Economic Crime 腐敗和經濟犯罪問題管理局

Dollar, David 戴維 · 多拉爾

Donne, John 約翰 · 鄧恩

Downsizing 裁員

Dutt, Pushan 普山 · 杜特

Duvalier, Jean-Claude 讓–克洛德 · 杜瓦利埃

economies, mixed 混合經濟

education, ethical 道德教育

Egypt 埃及

Eigen, Peter 彼得 · 艾根

Enron 安然公司

entrapment 圈套

Estonia 愛沙尼亞

Eurobarometer 歐洲民意調查中心

Europe 歐洲

    Central and Eastern 中歐和東歐

    North-Western 西北歐

    South-Eastern 東南歐

European Bank for Reconstruction and Development 歐洲復興開發銀行

European Union 歐盟

Eurozone crisis 歐元區危機

experimentation 試驗

extradition 引渡

extremism, political 政治極端主義

Facebook 臉書網站

Failed States Index 失敗國家指數

familism 家庭主義

FIFA 國際足聯

Financial Action Task Force 金融行動特別工作組

Financial Secrecy Index 金融隱密指數

Finckenauer, James 詹姆斯·芬克勞

Finland 芬蘭

    Corruption level 腐敗程度

Fisman, Raymond 雷蒙德·菲斯曼

focus groups 焦點小組

Foreign Corrupt Practices Act 《反海外腐敗法》

Foreign Direct Investment 外商直接投資

'Fortress Europe' 「歐洲堡壘」

Fragile States Index 脆弱國家指數

France 法國

Fraud, electoral 選舉欺詐

Freeland 自由土地

Fukuyama, Francis 弗朗西斯·福山

G 國集團

Gardner, Leigh 利·加德納

Gatti, Roberta 羅伯塔·加蒂

Georgia 格魯吉亞

Germany 德國

    Corruption level 腐敗程度

Gerring, John 約翰·耶林

'Ghost Doctors' 「幽靈醫生」

Giddens, Anthony 安東尼·吉登斯

gifts 禮物

Gini coefficient 基尼系數

Global Competitiveness Index 全球競爭力指數

Global Competitiveness Report 全球競爭力報告

Global Corruption Barometer 全球腐敗晴雨表

Global Financial Crisis 全球金融危機

Global Integrity 全球誠信組織

Global Witness 全球見證組織

globalization 全球化

Gottfredson, Michael 米凱爾·戈特弗里德松

GRECO 反腐敗國家聯合會 參見 Group of States Against Corruption

Greece 希臘

Group of States Against Corruption 反腐敗國家聯合會

Guanxi 關係

Guinea, Equatorial 赤道幾內亞

Haiti 海地
Hall, David 戴維·霍爾
Halliburton 哈里伯頓
Hegel, Georg 格奧爾格·黑格爾
Heidenheimer, Arnold 阿諾德·海登海默
Hellman, Joel 喬爾·赫爾曼
Hewlett-Packard 惠普電腦
Hirschi, Travis 特拉維斯·赫希
honeypot/honeytrap 蜜罐/桃色陷阱
Hong Kong SAR 香港
　　Corruption level 腐敗程度
hotlines 熱線電話
Hungary 匈牙利
Huntington, Samuel 塞繆爾·亨廷頓

Iceland 冰島
IKEA 宜家家居
Independent Commission Against Corruption, Hong Kong SAR 香港廉政公署
Independent Commission Against Corruption, New South Wales 新南威爾士州反腐獨立委員會
India 印度
Indonesia 印度尼西亞
Inglehart, Ronald 羅納德·英格爾哈特
insurance premia 保險費用
Integrity Pacts 誠信契約
Inter-American Development Bank 美洲開發銀行

International Chamber of Commerce 國際商會
International Country Risk Guide 國家風險國際指南
International Court of Justice 國際法院
International Crime Business Survey 國際犯罪商業調查
International Crime Victim Survey 國際犯罪受害者調查
International financial institutions 國際金融機構
International Monetary Fund 國際貨幣基金組織
international organizations 國際組織
Interpol 國際刑警
interviews 訪談
Iran 伊朗
Iraq 伊拉克
Israel 以色列
Italy 意大利

Japan 日本
Jersey 澤西島
Johnston, Michael 邁克爾·約翰斯頓
Jones, Geraint 傑蘭特·瓊斯

Karim, Sabrina 薩布麗娜·卡里姆
Karklins, Rasma 拉斯馬·卡克林斯
Kaufmann, Daniel 丹尼爾·考夫曼
Kenya 肯尼亞
Khagram, Sanjeev 桑吉維·卡格拉姆
Klitgaard, Robert 羅伯特·克利特加德

Knapp Commission 納普委員會
參見 commissions
Kohl, Helmut 赫爾穆特·科爾
Korea 朝鮮半島
North 朝鮮
South 韓國
Kotera, Go 戈·科特拉
Krastev, Ivan 伊萬·克勒斯特夫
Kyrgyzstan 吉爾吉斯斯坦

Labelle, Huguette 於蓋特·拉貝勒
Laos 老撾
Latvia 拉脫維亞
Lebanon 黎巴嫩
Ledeneva, Alena 阿廖娜·列傑涅娃
Leff, Nathaniel 納撒尼爾·萊夫
Legislative lag 立法滯後
Legitimacy 合法性
lenin, vladimir 弗拉米爾·列寧
leys, colin 科林·利斯
Liberia 利比里亞
Libya 利比亞
Lithuania 立陶宛
loans 貸款
lobbying 遊說
Luxemburg 盧森堡

Magnitsky Act 《馬格尼茨基法案》
Malaysia 馬來西亞
'mandate of heaven' 「天命」
Manzetti, Luigi 路易吉·曼澤蒂
Marcos, Ferdinand 費迪南德·馬科斯
Marshall Islands 馬紹爾群島
Mauritius 毛里求斯

Mauro, Paolo 保羅·莫羅
media 媒體
mass 大眾媒體
social 社會媒體
Mercer, Patrick 帕特里克·默瑟
Mexico 墨西哥
Miguel, Edward 愛德華·米格爾
mime artists 啞劇藝人
misconduct, corporate 公司不端行為
參見 crime, corporate
mixed methods approach 混合方法
Mobuto, Sese Seko 蒙博托·塞塞·塞科
Mockus, Antanas 安塔納期·馬科斯
money laundering 洗錢
moonlighting 兼職
multi-angulation 多角度方法
Myanmar 緬甸

Naím, Moisés 莫伊塞斯·納伊姆
Nauru 瑙魯
Navalnyi, Alexander 亞歷山大·納瓦爾尼
Nazi prison guard 納粹的監獄看守
neo-liberalism 新自由主義
Nepal 尼泊爾
nepotism 裙帶關係
Netherlands 荷蘭
corruption level 腐敗程度
networking 結網
New York 紐約
New Zealand 新西蘭
NGOs 非政府組織
參見 non-governmental
organizations

Nichols, Philip 菲利普·尼科爾斯

Nigeria 尼日利亞

non-governmental organizations 非政府組織

norm setting 規範設置

Norway 挪威

Nye, Joseph 約瑟夫·奈

Ohmae, Kenichi 大前研一

Okada, Keisuke 凱蘇克·奧卡達

old school tie 校友裙帶

oligarchs 寡頭政治家

Olken, Benjamin 本傑明·奧肯

Organization for Economic Cooperation and Development 經濟合作與發展組織

Organization of American States 美洲國家組織

Pakistan 巴基斯坦

Panalpina 泛亞班拿公司

parking, diplomatic 外交官停車行為

Parmalat 帕瑪拉特

parties, political 政黨

patronage 提攜反哺

Peru 秘魯

Pfizer 輝瑞製藥

Philippines 菲律賓

Pirelli 倍耐力

Poland 波蘭

police 警察

　　參見 corruption, police

Policy Group 政策組織

pork-barrelling 政治分肥

Portugal 葡萄牙

private gain, concept of 「獲取私利」概念

privatization, *nomenklatura* 權貴階層私有化

problem, 'wicked' 「邪惡」的問題

procurement 採購

protectionism 保護主義

Protestantism 新教

proxy approach 代理法

psycho-social, definition of 心理—社會定義

public office, concept of 公職概念

Publish What You Pay 「發佈付費內容」組織

Putin, Vladimir 弗拉基米爾·普京

Quah, Jon 喬·奎

regimes, definition of 政體的定義

rent-seeking 尋租

revisionism 修正主義

right-sizing 合理精簡

risk 風險

　　assessments 評估

　　reputational 名譽的

Romania 羅馬尼亞

Rose-Ackerman, Susan 蘇姍·羅斯阿克曼

rotation 輪換制

Rule of Law Index 法治指數

Russia 俄羅斯

　　corruption level 腐敗程度

Saakashvili, Mikheil 米哈伊爾·薩卡
什維利
St Kitts and Nevis 聖基茨和尼維斯
St Lucia 聖盧西亞
Sajó, András 安德拉斯·紹約
Samoa 薩摩亞
Samreth, Sovannroeun 蘇萬羅恩·桑
烈
San, Marino 聖馬力諾
Saudi Arabia 沙特阿拉伯
scandals 醜聞
   Al-Yamamah 亞瑪瑪軍火交易
   'cash-for-questions' 「金錢換提
   議」
   'kids-for-cash' 「孩子換金錢」
   Kohlgate 科爾門
   Lockheed 洛克希德
   'sexbribes and corruption' 「性、賄
   賂和腐敗」
   Watergate 水門
Scandinavia 斯堪的納維亞
Schengen zone 申根區
Serbia 塞爾維亞
Seychelles 塞舌爾
shaming 羞辱
Shell, Royal Dutch 荷蘭皇家殼牌
Siemens 西門子
Singapore 新加坡
   Corruption level 腐敗程度
Slovakia 斯洛伐克
Slovenia 斯洛文尼亞
'smart power' 「智慧權力」
SNC-Lavalin SNC 蘭萬靈集團
'soft power' 「軟實力」

Somalia 索馬里
Spain 西班牙
'speed money' 「加急費」
'spendthrift election' 「揮霍式選舉」
'squirrel's nuts' syndrome 「松鼠的堅
   果」綜合徵
state(s) 國家
   authoritarian 威權的
   capture 收買
   developed 發達的
   developing 發展中的
   disrupted 陷入混亂的
   failed 失敗的
   fragile 脆弱的
   hybrid 混合型
   Nordic 北歐的
   post-conflict 經歷衝突的
   post-revolutionary 後革命的
   transition 過渡
   troubled 落入困境的
   weak 脆弱的
   western 西方的
sting operations 誘捕行動
'sucker mentality' 「吸盤心態」
Sudan 蘇丹
Suharto 蘇哈托
Sung, Hung-En 宋鴻恩
surveys 調查法
   Delphi 德爾菲
   diagnostic 診斷式
   experiential 經驗
   perceptual 印象
   public expenditure tracking 公共支
   出跟蹤

quantitative service delivery 定量服
務提供情況

tracking 跟蹤

sustainability reporting 可持續性報告

Sweden 瑞典

corruption level 腐敗程度

Switzerland 瑞士

corruption level 腐敗程度

systems, definition of 對體制的定義

3Ps approach 「人、地球和利潤」
方法

Tacitus 塔西佗

Tajikistan 塔吉克斯坦

Tanzania 坦桑尼亞

Tanzi, Vito 維托·坦齊

tax 稅收

havens 避風港

systems 制度

write-off 減免

Tax Justice Network 稅收正義聯盟

terrorism 恐怖主義

test 測試

elephant 大象

sunlight 陽光

Thacker, Strom 斯特羅姆·撒克

Thailand 泰國

theory 理論

control 控制

generalof crime 犯罪的一般理論

labelling 貼標籤

opportunity 機會

rational choice 理性選擇

shaming 羞辱

structuration 結構

thymos 獲得認可的慾望

Tiffn, Rodney 羅德尼·蒂芬

toolkits 工具包

trafficking 販運

arms 武器

human 人口

Transparency International 透明國際

de finitions of corruption 腐敗的定
義

reports 報告

surveys 調查

Treisman, Daniel 丹尼爾·特賴斯曼

Tunisia 突尼斯

Turkey 土耳其

Turkmenistan 土庫曼斯坦

tweeting 推特

U4 反腐資源中心

Uganda 烏干達

Ukraine 烏克蘭

UNCAC 《聯合國反腐敗公約》
參見 United Nations Convention
Against Corruption

UNCAC Coalition 《聯合國反腐敗
公約》聯盟

underworld 下層社會

Unilever 聯合利華

United Arab Emirates 阿聯酋

United Kingdom 英國

corruption level 腐敗程度

United Nations Convention Against
Corruption 《聯合國反腐敗公
約》

Office on Drugs and Crime 毒品和
犯罪問題辦公室
United States 美國
corruption cases (alleged and proven)
腐敗案例（指控的和查實的）
corruption level 腐敗程度
unrest, mass 公眾騷亂
upperworld 上層社會
Uruguay 烏拉圭
Uslaner, Eric 埃里克·烏斯拉納
USSR 蘇聯
Uzbekistan 烏茲別克斯坦

'vanguard of society'「社會先鋒」
Vanuatu 瓦努阿圖
Venezuela 委內瑞拉
Vietnam 越南
Vogl, Frank 弗蘭克·沃格爾
Volkswagen 大眾汽車
vote-buying 賄選
vulnerability assessments 弱點評估參
見 risk, assessments

Wal-Mart 沃爾瑪
Waring, Elin 埃林·韋林
Washington Consensus 華盛頓共識
weapons 武器
nuclear 核

Weber, Max 馬克斯·韋伯
Wei, Shang-Jin 魏尚進
Westthe 西方
Westinghouse 西屋電氣公司
whistleblowing 舉報
Wilson, Carole 卡羅爾·威爾遜
witness protection schemes 證人保護
計劃
Wolfensohn, James 詹姆斯·沃爾芬
森
Wolfsberg Group 沃爾夫斯堡集團
World Bank 世界銀行
definitions 定義
surveys 調查
World Economic Forum 世界經濟論
壇
World Justice Project 世界正義工程
World Trade Organization 世界貿易
組織
Worldcom 美國世通

Xi Jinping 習近平

Yemen 也門
You Jong-sung 柳鐘醒

Zaire 扎伊爾
Zimbabwe 津巴布韋

推薦閱讀書目

General

Almost all IO and NGO documentation cited in this book is freely available on the internet, and only sources that might be difficult to locate without full publication details are included here, along with sources not referred to in the text that should be particularly useful to newcomers. An excellent general introduction to corruption is C. Fletcher and D. Herrmann, *The Internationalisation of Corruption* (Gower, 2012), while an older standard work is A. Heidenheimer and M. Johnston (eds.), *Political Corruption*, 3rd edn. (Transaction, 2001). Readers particularly interested in economic aspects of corruption should see the twovolume collection edited by Susan Rose-Ackerman (the 2nd volume co-edited with Tina Søreide), the *International Handbook on the Economics of Corruption* (Elgar, vol. 1, 2006, vol. 2, 2011). An older but still invaluable collection that covers both theoretical approaches and the situation in many countries of the world is the four-volume collection edited by R. Williams and various co-editors, *Corruption in the Developing World* (with R. Theobold), *Corruption in the Developed World* (with J. Moran and R. Flanary), *Controlling Corruption* (with A. Doig) and, without a co-editor, *Explaining Corruption* (all four volumes published by Elgar, 2000). For broad analyses covering regions and continents see C. Blake and S. Morris (eds.), *Corruption and Democracy in Latin America* (University of Pittsburgh Press, 2009); D. Della Porta and Y. Mény (eds.), *Democracy and Corruption in Europe* (Pinter, 1997); J. Hatchard, *Combating Corruption* (Elgar, 2014; on Africa); L. Holmes, *Rotten States?* (Duke University Press, 2006; on post-Communist transition states); T. Lindsey and H. Dick (eds.), *Corruption in Asia* (Federation Press, 2002); Ting Gong and S. Ma (eds.), *Preventing Corruption in Asia* (Routledge, 2009); C. Warner, *The Best System Money Can Buy* (Cornell University Press, 2007; on the European Union): there is room for a comparative collection on the Middle East, but a starting point is H. Askari, S. Rehman, and N. Arfaa, *Corruption and its Manifestation in the Persian Gulf* (Elgar, 2010). For a recent collection that, inter alia, focuses on corruption in different sectors and branches, see A. Graycar and R. Smith (eds.), *Handbook of*

Global Research and Practice in Corruption (Elgar, 2011). The single most useful journal on corruption is *Crime, Law and Social Change*, while an invaluable website is Transparency International's.

Chapter 1: What is corruption?
Two of the best introductions to the problems of defining corruption are M. Philp in *Political Studies*, 45 (3), 1997: 436–62 and K. Sass Mikkelsen in *Crime, Law and Social Change*, 60 (4), 2013: 357–74. On corruption's role in the collapse of the Roman Empire see R. MacMullen, *Corruption and the Decline of Rome* (Yale University Press, 1990), while for Roman, Ancient Greek, and other interpretations of corruption to the late 18th century see B. Buchan and L. Hill, *An Intellectual History of Political Corruption* (Palgrave Macmillan, 2014). The best analysis of *blat* is A. Ledeneva's *Russia's Economy of Favours* (Cambridge University Press, 1998); on guanxi, see T. Gold, D. Guthrie, and D. Wank (eds.), *Social Connections in China* (Cambridge University Press, 2002). Arnold Heidenheimer's threefold distinctions are in A. Heidenheimer (ed.), *Political Corruption* (Holt, Rinehart and Winston, 1970): 3–28. The World Bank definitions of 'state capture' and 'administrative corruption' are from J. Hellman, G. Jones, and D. Kaufmann, *World Bank Policy Research Working Papers*, no. 2444, 2000, while Rasma Karklins' typology is in her book *The State Made Me Do It* (M. E. Sharpe, 2005). For a standard analysis of the history of bribery see J. Noonan, *Bribes* (University of California Press, 1987).

Chapter 2: Why corruption is a problem
Many of the effects of corruption outlined in this chapter are analysed in detail in S. Rose-Ackerman, *Corruption and Government* (Cambridge University Press, 1999). The 1998 IMF Working Paper on corruption and inequality cited is S. Gupta, H. Davoodi, and R. Alonso-Terme, 'Does Corruption Affect Income Inequality and Poverty?'; an updated version is in *Economics of Governance*, 3 (1), 2001: 23–45. A more detailed analysis of the links between corruption and inequality (and trust) is Eric Uslaner's *Corruption, Inequality and the Rule of Law* (Cambridge University Press, 2008). The article by Osita Agbu is in *West Africa Review*, 4 (1), 2003: 1–13; further analyses of corruption's role in human trafficking are by S. Zhang and S. Pineda, in D. Siegel and H. Nelen (eds.), *Organized Crime: Culture, Markets and Policies* (Springer, 2008): 41–55; and K. Skrivankova, G. Dell, E. Larson, M. Adomeit, and S. Albert, *The Role of Corruption in Trafficking in Persons* (UNODC,

2011). A useful introduction to corruption in the 'legitimate' arms trade is A. Feinstein, *Shadow World* (Penguin, 2012). Those interested in corporate misconduct in the US could start with M. Clinard and P. Yeager, *Corporate Crime* (Free Press, 1980; rev. edn. 2005) or the more recent A. Huffington, *Pigs at the Trough* (Three Rivers, 2009); for broader coverage see H. Pontell and G. Geis (eds.), *International Handbook of White-Collar and Corporate Crime* (Springer, 2010). The relationship between corruption and economic crises is analysed by L. Holmes, in R. Pettman (ed.), *A Handbook of International Political Economy* (World Scientific Publishing, 2012): 211–28. On the connection between buildings collapsing and corruption, see N. Ambraseys and R. Bilham in *Nature*, 469 (7329), 2011: 153–5. On corruption and the environment, two useful sources are Corruption, Environment and the United Nations Convention against Corruption (UNODC, 2012) and L. Pellegrini, *Corruption, Development and the Environment* (Springer, 2011). Paolo Mauro's article is in *Quarterly Journal of Economics*, 110 (3), 1995: 681–712, while S.-J. Wei's is in *The Review of Economics and Statistics*, 82 (1), 2000: 1–11. Wei's approach has been challenged by Barry Hindess, in L. de Sousa, P. Larmour, and B. Hindess (eds.), *Governments, NGOs and Anti-Corruption* (Routledge, 2009): 19–32. Readers interested in corruption and party financing (mainly in established democracies) should see I. McMenamin, *If Money Talks, What Does it Say?* (Oxford University Press, 2013). The Frank Vogl reference is from his *Waging War on Corruption* (Rowman and Littlefield, 2012). On corruption (broadly understood) in soccer see D. Hill, *The Insider's Guide to Match-Fixing in Football* (Anne McDermid, 2013). For the 1960s revisionist sources cited in the text see the entries by Leff, Nye, Huntington, and Leys in Heidenheimer and Johnston 2001 (cited previously). Ivan Krastev's argument is in *East European Constitutional Review*, 7 (3), 1998: 56–8, while that of Manzetti and Wilson is in *Comparative Political Studies*, 40 (8), 2007: 949–70. Klitgaard's approach is in his book *Controlling Corruption*, 2nd edn. (University of California Press, 1991; 1st edn. 1988).

Chapter 3: Can we measure corruption?
Two comprehensive analyses of the methods used for measuring corruption are C. Sampford, A. Shacklock, C. Connors, and F. Galtung (eds.), *Measuring Corruption* (Ashgate, 2006) and R. June, A. Chowdhury, N. Heller, and J. Werve, *A User's Guide to Measuring Corruption* (UNDP, 2008). Moisés Naím's article is in Brown *Journal of World Affairs*, 2 (2), 1995: 245–61. On

PETS in Uganda and Tanzania see G. Sundet in *U4 Issue*, 8, 2008, while the methodology of tracking surveys is explained in R. Reinikka and J. Svensson, World Bank Policy Research Working Paper, 3071, 2003. On the latest developments in and advocacy of the proxy method see J. Johnsøn and P. Mason, *U4 Brief*, 2, 2013. A valuable study of experimentation for measuring and classifying corruption is D. Serra and L. Wantchekon, *New Advances in Experimental Research on Corruption* (Emerald, 2012), while a highly innovative experiment relating explicitly to money-laundering is M. Findley, D. Nielson, and J. Sharman, *Global Shell Games* (Cambridge University Press, 2014).

Chapter 4: Psycho-social and cultural explanations
The classic analysis of structuration theory is A. Giddens, *The Constitution of Society* (Polity, 1984). The 'sucker mentality' is discussed in J. Finckenauer and E. Waring, *Russian Mafia in America* (Northeastern University Press, 1998), while the original version of opportunity theory is in R. Cloward and L. Ohlin, *Delinquency and Opportunity*, 2nd edn. (Free Press, 1963). Still the best analysis of rational choice theory is D. Green and I. Shapiro's *Pathologies of Rational Choice Theory* (Yale University Press, 1994). For the original version of labelling theory see H. Becker, *Outsiders*, updated edn. (Free Press, 1973), while the closely related shaming theory is in J. Braithwaite, *Crime, Shame and Reintegration* (Cambridge University Press, 1989). The original version of control theory outlined here is from T. Hirschi, *Causes of Delinquency* (University of California Press, 1969); the later general theory of crime is in M. Gottfredson and T. Hirschi, *A General Theory of Crime* (Stanford University Press, 1990). There is a brief overview of historical and other cultural explanations of corruption in R. Goel and M. Nelson, BOFIT Discussion Papers, no. 6 (Bank of Finland Institute of Economies in Transition, 2008). For statistically-based analyses of the weak relationship between religion and corruption see D. Treisman in *Journal of Public Economics*, 76 (3), 2000: 399–457 and R. LaPorta, F. Lopez-de-Silanes, A. Shleifer, and R. Vishny in *Journal of Law, Economics and Organization*, 15 (1), 1999: 222–79. The work cited from Gardner is in *Economic History of Developing Regions*, 25 (2), 2010: 213–36, while another analysis of the relationship between the colonial legacy and corruption can be found in the Treisman article cited previously. On the effect of legal cultures on corruption see S. Rose-Ackerman, in D. Rodriguez and L. Ehrichs (eds.), *Global Corruption Report 2007* (Cambridge University Press, 2007): 15–24. The Ledeneva quotation cited is from her

1998 book cited previously. The article by Fisman and Miguel is in *Journal of Political Economy*, 115 (6), 2007: 1020–48. Sajó's argument is in *East European Constitutional Review*, 7 (2), 1998: 37–46, while a good example of the 'underworld'/'upperworld' distinction is Vincenzo Ruggiero's *Organized and Corporate Crime in Europe* (Dartmouth, 1996). Works on corruption by Syed Hussein Alatas include *Corruption* (Avebury, 1990) and *Corruption and the Destiny of Asia* (Prentice-Hall, 1999). A standard critique of the cultural approach to explaining miscreant behaviour is J. Ferrell, K. Hayward, and J. Young, *Cultural Criminology* (Sage, 1998).

Chapter 5: System-related explanations

The arguments and data-sources cited in this chapter concerning the relationship between government involvement in the economy and corruption are V. Tanzi, in *Finance & Development*, 32 (4), 1995: 24–6; J. Gerring and S. Thacker, in *International Organization*, 59 (1), 2005: 233–54; K. Schwab, *The Global Competitiveness Report 2012–2013* (World Economic Forum, 2012); D. Hall, in *Development in Practice*, 9 (5), 1999: 539–56; K. Ohmae, *The Borderless World*, rev. edn. (HarperBusiness, 1999); R. Klitgaard, *Controlling Corruption* (cited previously), and, for the formulaic version, *Finance and Development*, 35 (1), 1998: 3–6. The case of the Indian tax collectors is referred to in D. Mookherjee and I. Png, *Economic Journal*, 105 (428), 1995: 145–59. For dismissal of the notion that larger government necessarily means more corruption see R. LaPorta, F. Lopez-de-Silanes, A. Shleifer, and R. Vishny, *Journal of Law, Economics and Organization*, 15 (1), 1999: 222–79, while the connections between corruption and outsourcing are considered in J. O'Looney, *Outsourcing State and Local Government Services* (Quorum, 1998). On the relationship between globalization and corruption, with particular reference to money-laundering, see L. Cockcroft, *Global Corruption: Money, Power and Ethics in the Modern World* (Tauris, 2012). On the relationship between GDP per capita and corruption see You Jong-sung and Sanjeev Khagram in *American Sociological Review*, 70 (1), 2005: 136–57. The connections between corruption and international trade are considered in P. Dutt, *Canadian Journal of Economics*, 42 (1), 2009: 155–83. The reference cited concerning government size is G. Kotera, K. Okada, and Sovannroeun Samreth, *Economic Modelling*, 29 (6), 2012: 2340–8. Hellman and Kaufmann's point is in *Finance and Development*, 38 (3), 2001: 1–8; alternative views on the relationship between business and government can be found in S. Rose-Ackerman's 1999 book (cited previously), and D. Bowser, in D. Lovell (ed.), *The Transition* (Ashgate, 2002): 80–95. A counter-intuitive but interesting analysis relating current corruption levels to educational levels in 1870 is E. Uslaner and B. Rothstein, *Quality of Government Working Paper*, no. 2012/5 (Gothenburg, 2012). The articles cited on the relationship between gender and corruption are D. Dollar, R. Fisman, and R. Gatti, in *Journal of Economic Behavior & Organization*, 46 (4), 2001: 423–9; and H.-E. Sung, in *Crime, Law and Social Change*, 58 (3), 2012: 195–219. The Treisman quotation is from *Annual Review of Political Science*, 10, 2007: 211–44.

Chapter 6: What can states do?

For a substantial, if slightly dated, collection on combating corruption see R. Williams and A. Doig (eds.), *Controlling Corruption* (Elgar, 2000), while the even older single authored *Controlling Corruption* by R. Klitgaard (cited previously) remains a standard work.

On Singapore and Hong Kong (as well as other states with low levels of corruption) see J. Quah (ed.), *Different Paths to Curbing Corruption* (Emerald, 2013). On the Filipino case see W. Cragg and W. Woof, in W. Cragg (ed.), *Ethics Codes, Corporations and the Challenge of Globalization* (Elgar, 2005): 1–43, while those interested in how miscreant corporations could be better controlled might start with S. Simpson, *Corporate Crime, Law, and Social Control* (Cambridge University Press, 2002). The notion that higher salaries lead to less corruption is challenged in the article by LaPorta et al. cited previously. The German rotation experiment is analysed in K. Abbink, *European Journal of Political Economy*, 20 (4), 2004: 887–906, while the research conducted in India is described by F. de Zwart, in H. Bakker and N. Schulte Nordholt (eds.), *Corruption and Legitimacy* (SISWO, 1996): 53–64. Olken's experiment in Indonesia is summarized in *Journal of Political Economy*, 117 (2), 2007: 200–49. On anti-corruption campaigns, mainly in developing and transition states, see S. Bracking (ed.), *Corruption and Development* (Palgrave Macmillan, 2007), although the contributors often adopt a broader approach to 'campaigns' than that adopted here.

For the argument that equally balancing male and female officers is the optimal arrangement see R. Mukherjee and O. Gokcekus, in R. Hodess, T. Inowlocki, D. Rodriguez, and T. Wolfe (eds.), *Global Corruption Report 2004* (Pluto, 2004): 337–9, while the claim that more women in politics reduces corruption is in D. Dollar et al. (2001), cited previously and A. Mason and E. King, *Engendering*

Development through Gender Equality in Rights, Resources, and Voice (World Bank, 2001). Sung's challenge to this argument is in his 2012 article already cited. For Corsianos' argument, see *The Complexities of Police Corruption* (Rowman and Littlefield, 2012). On the Georgian anti-corruption efforts see A. Alam and V. R. Southworth (with others), *Fighting Corruption in Public Services: Chronicling Georgia's Reforms* (World Bank, 2012). The Peruvian police experiment and experience is analysed in S. Karim, *Americas Quarterly*, 5 (3), 2011: 42–6, while Bogotá's 'mime' experiment is described in R. Fisman and E. Miguel, *Economic Gangsters* (Princeton University Press, 2010).

Chapter 7: What else can be done?
On the role of various international agents covered in this chapter see S. Rose-Ackerman and P. Carrington (eds.), *Anti-Corruption Policy* (Carolina Academic Press, 2013). Useful overviews of many of the themes covered in Chapters 6 and 7 are F. Vogl's 2012 book (cited previously), and N. Kochan and R. Goodyear, *Corruption* (Palgrave Macmillan, 2011). The critical article by Peter Eigen is in *TI Q* (September 2003: 1), while the more upbeat items mentioned are P. Ala'I, in *Loyola University Chicago International Law Review*, 6 (1), 2008–9: 259–78 and P. M. Nichols in *New York University Journal of International Law and Politics*, 28 (4), 1996: 711–84. On the World Bank's anti-corruption efforts by 2008 see *Independent Evaluation Group, Public Sector Reform: What Works and Why?* (World Bank, 2008): 58–65. A valuable study of how the role of donor countries and IOs in supporting domestic ACAs in developing countries could be improved is by A. Doig, D. Watt, and R. Williams in *U4 Report*, May 2005 (online). Tiffen's analysis of the roles of the media is in *Scandals, Media and Corruption in Contemporary Australia* (University of New South Wales Press, 1999), while Vogl's book is detailed above. Critical analyses of the anti-corruption 'industry' can be found in D. Kennedy, in *Connecticut Journal of International Law*, 14 (2), 1999: 455–65; B. Michael and D. Bowser, *The Evolution of the Anti-Corruption Industry in the Third Wave of Anti-Corruption Work* (bepress, 2009); L. de Sousa, P. Larmour, and B. Hindess (2009, cited previously); and S. Sampson, in *Global Crime*, 11 (2), 2010: 261–78. An interesting variant on this is F. Anechiarico and J. Jacobs, *The Pursuit of Absolute Integrity* (University of Chicago Press, 1996). For up-to-date analysis and assessment of the OECD Convention see M. Pieth, L. Low, and N. Bonucci (eds.), *The OECD Convention on Bribery*, 2nd edn. (Cambridge University Press, 2014). Kaufmann's 2005 assessment is in *Finance*

and Development, 42 (3), September 2005 (online), while his 'tepid' remark is in *Development Outreach*, February 2009: 26–9. On the need to tailor approaches to specific contexts see J. E. Campos and S. Pradhan (eds.), *The Many Faces of Corruption* (World Bank, 2007); M. Johnston, *Syndromes of Corruption* (Cambridge University Press, 2005) and *Corruption, Contention and Reform* (Cambridge University Press, 2014); the quote in this chapter is from the latter. The argument that neo-liberalism was not seriously challenged by the Global Financial Crisis is in Colin Crouch's *The Strange Non-Death of Neoliberalism* (Polity, 2011).